U0943425

自由的萨布拉

The wild cactus

【美】鲍靖／著

上海文化出版社

图书在版编目（CIP）数据

自由的萨布拉 /（美）鲍靖著 .—上海：上海文化出版社，2016.8

ISBN 978-7-5535-0475-9

Ⅰ.①自… Ⅱ.①鲍… Ⅲ.①散文集－中国－当代
Ⅳ.① I267

中国版本图书馆 CIP 数据核字（2015）第 302755 号

责任编辑 林 斌 张 琦
特约编辑 熊仕华 周雯君 朱华怡
封面设计 汤 靖
技术编辑 陈 平 刘 学

书 名 自由的萨布拉
作 者 鲍 靖
出 版 上海世纪出版集团
上海文化出版社
地 址 上海市绍兴路 7 号
邮政编码 200020
网 址 www.cshwh.com
发 行 上海世纪出版股份有限公司发行中心
印 刷 上海天地海设计印刷有限公司
开 本 710×1000 1/16
印 张 13.75
彩 插 2
字 数 210 千
版 次 2016 年 8 月第一版 2016 年 8 月第一次印刷
国际书号 ISBN 978-7-5535-0475-9/I.132
定 价 38.00 元

敬告读者 本书如有质量问题请联系印刷厂质量科
电 话 021-64366274

此书献给我女儿贝蒂
和所有富有爱心的母女

This book is delicated to my daughter Betty
And all loving mothers and daughters

前　言

我们这一代在“文革”中长大的人，经历了从“吃不饱”肚子，到山珍海味都“不想吃”的年代。当物质生活丰厚了，极富爱心的父母们第一个想做的，是让我们的孩子不再重复我们自己的苦难生活，这是可以理解的，但不应过激，因为这种过分的溺爱往往会事与愿违。“睁着眼睛是他的，闭着眼睛还是他的。”在国外生活了很多年后，当听说国内的很多父母在用他们积攒多年的财产去为孩子“买”一个工作或一套房子的时候，我感到十分惊讶。这也是我写这本书的初衷。

“爱”是人类永恒的主题，尤其是父母对孩子的爱，那是真正忘我的、无私的爱。但如何用这种天生的、美丽的爱去培养出富有爱心、自力更生、对自己和社会有责任感的下一代，则是萦绕在我们所有人脑际的困惑。亲情、友情和爱情构成了生命永恒的交响曲，而来自家长和社会的健康、博大、理性的爱，能赋予我们的后代一对丰润、坚强的翅膀，教会他们在广阔的人生天空里自信地、自由地、不屈不挠地翱翔。

这也是我女儿贝蒂迁徙的三个国家——中国、以色列和美国馈赠她成长过程的营养和礼物。

我把贝蒂在三个迥然不同的国家的成长故事与国内外同胞们分享，目的不是为了“说教”，而是“抒情”。如果其中成功和失败的经验会使你更明智地对待自己和孩子，多一份快乐，少一份挫折，便是我最大的愿望和慰藉。

鲍靖

目 录

CONTENTS

Chapter 01 在中国 | 温顺听话的小龙女 1

离开 8 岁的女儿 3

生命的延续 8

钢琴梦魇 11

为了妈妈的梦想去以色列 17

Chapter 02 在以色列 | 犹太文化熏陶下的叛逆成长 23

初到陌生的国度 25

犹太小学开学第一天 29

成为快乐的“萨布拉” 32

注重“行为教育”的班主任老师 36

学第三种语言——希伯来语 41

用一堂课激发学生兴趣的犹太钢琴老师 49

罗密欧和朱丽叶：仓鼠的故事 58

和犹太小朋友一起过普睿节 64

12 岁的成年礼 67

成为“筷子”歌星 72

一次美好的失败 83

情窦初开　89
早熟的女儿　96
西方妈妈的性教育　105
不愿离开以色列　111
与“逃课少女”的半小时谈话　115
“我恨中国传统”　120
离家出走　124

Chapter 03　在美国 | 天高任鸟飞　129
提前毕业：向权威挑战　131
从打工中得到历练　140
迷途　145
单亲家庭的悲和喜　151
生命中最珍贵的东西　157
在艰苦的环境下懂事　161
充满西方特质的中国姑娘　166
来自鸽子的启迪　170
鸿雁传信　173
独自在欧洲旅行　181
成为美国医生　197

感谢　209
The Wild Cactus　211

Chapter 01 在中国

温顺听话的小龙女

延延是三月下旬出生的，那正是禾苗出土、小树发芽的早春。
我的青春和生命在这个小小的身体里得到体现，
我的一生从此有了新的目的和意义。

离开 8 岁的女儿

我抱起八岁零两个月的女儿延延，把她放在邻居小韩阿姨那淡绿色的女式摩托车的后座上。我用双手捧着她那可爱至极的小圆脸，久久不肯松开。她那黑亮稚气的双眸在清晨阳光的照射下是那么的晶莹，那么的纯洁。我强装笑颜，但眼泪却不听话地流了下来。我扭过头去不让她看见。

我不忍心让延延去珠海码头为我送行，所以安排了我的好友小韩用摩托车把她早早带去学校。我知道自己一定受不了从此遥遥万里与女儿离别的痛苦，也担心自己或许会因此而放弃去以色列留学的决定。

"妈妈你放心地走吧，我在家会听外公外婆的话的。"随着摩托车隆隆的启动声，延延扭头向我招手："妈妈再见，记着一定早点回家来！"我不知道她那天，是因为太小还不懂得与妈妈长别的痛楚，还是为了不让我伤感，才那么强颜欢笑。

那是 1996 年的夏天，我决定去以色列攻读生物学博士学位。"文革"后，20 世纪80年代和90年代的中国，改革开放的东风把无数学子吹向了世界的四面八方。很多已经有孩子的学生，决定出国深造，但因为没有条件，或不愿让孩子一起经历深造的艰辛，只好忍痛割爱，把孩子留在国内，等在国外拿到学位，立稳了足，有了基本的生活条件后，再接配偶和孩子出国。但他们去的是欧美国家，我却决定去战火连连的以色列读博士。

大约半年前，当接到以色列内盖夫本•古里安大学博士生录取通知书时，我激动万分。当了13年整日与疾病和死亡打交道的“白衣天使”后，终于又可以回到学校做学生了！留学生涯永远是我一生中最珍视的机会，况且还能申请到奖学金。当时我的导师提供给我的奖学金是每月1200多美元，不仅足以支持我自己，也可以负担女儿的生活了。

但是，以色列并不是人人都想去的地方。中国人大多去欧美留学，我那时还从未听过、见过中国人去以色列留学的。报纸、电视中凡是有关以色列的新闻都是“中东战争”之类。能否在那儿安全生存呢？我心中疑虑。然而，对科学和知识的渴望、对未来生活的憧憬以及对伟大的犹太文化的向往，振奋着我的心，诱惑着我接受挑战。但是，去以色列毕竟不同于去美国或欧洲国家，这是一种冒险，我怎能把幼小的女儿也带去冒这个险呢？何去何从，使我困惑难言。

延延从懂事起就非常善解人意。我像对大人一样告诉她，我为何想去以色列，我此生的理想和愿望是什么。开始的几天，她都坚决地说：“妈妈，我不愿离开你——你不能去以色列！”但她那坚决的语气一天比一天弱。大约一周后，她用懂事的眼神深情地看着我说：“妈妈，你放心走吧，我会安心等你回来。”那个月明星稀的夜晚，她流着眼泪，静静地在我怀里睡去。我对她的理解和支持心存感激。我久久地亲吻她那粉红色的脸颊，轻轻把她放在她的小床上，在心里默默地对她说：“妈妈会很快回来与你团聚，然后我们永不分离！”

没想到那个“很快”实际上是近两年的时间——再见已是七百二十多天以后。

在以色列，我为自己此生能有这样的学习机会而骄傲。但是，思念女儿、家人和同事、朋友的痛苦也在煎熬着我的心。我无时无刻不在思念女儿，虽然女儿有她的外公外婆悉心照顾，但可想而知，没有妈妈在身旁的生活是多么艰难无奈。

在中国，在那段“特殊”的岁月里，父亲或母亲离开孩子，只身漂洋过海、出国留学是司空见惯的，但在西方国家，这是人们不可接受的一件事。他们很难理解，离别也是爱，也许是一种更深、更纯、更崇高和无私的爱。每个人都生活在自己的社会背景中，都以自己的经历去理解生活。西方人没有设身处地地了解过我们生活的背景，没有经历过“文革”带给我们这一代人的劫难，他们是永远无法明白我们这一代中国人对学习和生活的渴望。他们认为一家人在一起是生活中最重要的事，所以对中国人把孩子留在国内，自己在国外学习、生活、创业的行为很不理解。

我也曾经因为离开 8 岁的女儿，遭受了朋友们不解的眼神。我的犹太同事们，不，几乎所有在以色列见到我的人，都不明白为什么我会把幼小的女儿留在国内，只身来到以色列苦读书。

到了美国后，当同事和朋友得知了我的经历，更是以一种不解的，甚至是鄙夷的眼光看着我，好像我是这个世界上最自私、最冷酷、最不爱孩子的母亲。

面对那些疑惑的眼光，尤其是那些也为人母的女人，我总想说，我对女儿的爱绝不亚于你们对子女的爱。天下没有不爱孩子的父母。我在心里呐喊着："离别是一种爱，或许是一种更加无私、更加高尚的爱。"这也许就像心理学所说的"自我安慰"吧。

不久前的一天，我和延延男友的母亲及姨妈谈心。她们两人都有好几个孩子，是那种对孩子关爱备至的好妈妈。当听说我把 8 岁的贝蒂（延延的英文名字）留在中国，两年没见面时，她们都同时张大了嘴巴，睁大了眼睛，惊异地看着我。我不知如何为自己辩解，我心里的伤疤也在隐隐作痛。面对这两个在西雅图长大，从没有到过中国，也没在中国生活过的美国母亲，我怎么解释才能让她们相信"离别也是爱"？

"你们看过电影《埃及王子》吗？"我平静地问道。

《埃及王子》几乎是美国家喻户晓的电影。故事背景是法老塞提一世治理下的埃及。法老命令希伯来人去做奴隶，并下令他的子民将希伯来人所生的男孩统统杀死。有位希伯来妇女生了个儿子，不忍心看着埃及人来将她的儿子杀死，就把婴儿放入一个竹篮子里，然后恋恋不舍地将竹篮放入尼罗河之中。当河水将她的儿子带走的时候，她相信是凶多吉少的，但那是她让儿子逃生的唯一办法。她并不知道儿子将来会被埃及皇后收养。

"当然看过。"锲思（延延男友的名字）的母亲媞娜不解地看着我。

"你记得那个希伯来母亲，把她的儿子放在一个竹篮里，然后把竹篮放进河里顺水漂走的情节吗？"我又接着说，"这个母亲为什么要让孩子漂走呢？是因为她不爱她的儿子吗？”

这时，她们两人都不说话了，似懂非懂的，但我感觉她们看着我的神情有些缓和。我并不想把自己和那位希伯来母亲相比，只是用这个故事打个比喻，想让她们知道，对生活在那段特殊历史阶段的中国母亲来说，暂时离开孩子，背井离乡，忍痛割爱，其实也是一种出于无奈的、崇高的爱的方式。

但是，很多年过去了，每当有人跟贝蒂提起那段没有妈妈的日子，贝蒂仍然泪水涟涟，委屈无穷，而我的心里更是像刀绞般疼痛，充满了对女儿的歉意。

如果时间能倒转，我再也不会天涯海角地离开女儿了！我会分分秒秒与她在一起，每天一起迎来早晨的太阳，随时回答她小脑袋里孕育的每一个问题，和她一起为路边每一朵绽放的花朵而兴奋。如果时间能够倒转，如果那时我知道以色列其实是个比较安全的地方，如果我知道她后来会如此的热爱这个国家，我绝对不会只身赴以色列留学那么久，把自己唯一的幼小的女儿留在国内。可是生活中从来没有“如果”。

我们都在母亲“爱”的宫殿里诞生，又在母亲洒满阳光、温暖的襁褓中成长，但往往一旦走出家门，现实生活的道路是荆棘丛生、充满竞争和险阻的，所以做家长的责任不仅是让孩子长大，更要培养他们综合发展的人品和素质，成为自力更生、对社会有用、面对艰难险阻不屈不挠的人。这也是一种人生的艺术，是家庭、社会共同承担的义务。

我们在这个世界上奋斗，从家庭到社会，从东方到西方，就是为了增进全世界人与人之间的了解，特别是对有着不同文化和生活背景的人的了解，然后通过自己的理解去粗取精，让我们的下一代、再下一代的生活更丰富、更美好。

《华盛顿特区报》曾登载了一篇题目叫“中国‘文革’中受难的父母娇惯他们的下一代人”的文章，文章中列举了几对经历过艰难青春时代的父母，用尽全力去教养他们的孩子，这些年轻的独生子女们像温室里的花朵，不知人间的风霜雨寒，大手大脚地花钱享受生活，手机一个接一个赶时髦，在学校一个专业一个专业地试着轮换，而他们的父母总是满足他们的要求，以为这就是爱，更是只字不提自己从都市下放到边远的农村，饥寒交迫、披星戴月地在田间耕作的历史。这些都是真实的故事。

每当这时，我的眼前就不禁浮现出一幅幅遥远而真实的画面，那是一个中国女孩在海外的生活缩影：一个10岁半的女孩，蒸好了鸡蛋羹，煮好了米饭，放在一个塑料盒子里，再用毛巾包紧裹严，一路小跑到妈妈的实验室，然后微笑看着妈妈大口吞咽她做的还散发着温气的食物，而几个月前的她还是饭来张口、衣来伸手，总是等着外婆把蒸好的蛋羹给她端上桌；深夜一点多，在刺骨的寒风中，她穿过漆黑的、经常有事故发生的停车场回家，脚上起满了血泡，左手臂从上到下一片红肿——那是在饭馆当招待时一连站立了12个小时留下的烙印；在这一边打工一边上大学的日子里，她的功课全优，名字还上了校长的光荣榜；在纽约的一个急诊室里，一个穷困潦倒的老年人右腿因为感染而化脓腐烂，臭味难闻，当所有人都离开后，作为医生助理的她却握着这位老人的手，问寒问暖；一个16岁的女孩因腹部急症来看病，当得知自己怀孕了，又害羞又痛苦地大哭，痛不欲生，她用纸巾拭干女孩的眼泪，给她讲医学常识、爱情的意义和生命的美好。

这个女孩就是我的女儿延延（在以色列和美国的名字叫贝蒂）。

孩子是家庭的产物，更是社会的产物。如果不是奇迹般的命运把刚满10岁的贝蒂带到了以色列——一个战争纷纭，小得在地图上找不到，却以对人类科学和文明的贡献而闻名天下的国家；14岁时又移居到了美国——一个既是天堂又是地狱的国家。如果没有经历过这些，或许贝蒂也会像这篇文章中所描述的年轻人一样，不知艰苦是何物地轻松地生活。

今天，在迁徙中长大、历经磨练的贝蒂已经成为一个会说四种语言的美国医生，酷似一个自由的、刚柔相间的、健康美丽的萨布拉(Sabra，意为以色列土生土长的犹太人)。

生命的延续

延延是我给女儿取的小名，也是她的昵称。延是延续的“延”，寓意生命的延续。

自从有了延延，我那久已干枯的心萌发了新芽，我那无花无歌的日子有了新的意义。我的青春和生命在这个小小身体里得到体现，我的一生从此有了新的目的和意义。

无论别人会怎么说我无情，我也不得不承认，我并不是一开始就爱上了自己腹中孕育的延延。

我们这一代是不幸的一代，不仅青少年的时候被剥夺了读书的权利，而且美好的性爱也被扭曲、被压抑。谈恋爱、结婚，像完成人生的一个个任务一样，流水线作业。原本是美妙的年华却被一段无爱的婚姻束缚。因此，十月怀胎没有带给我一丝快乐，反而是无尽的哀伤和气恼。由于腹中婴儿的脑袋不成比例的硕大，所以收我住院的妇产科医生，也是我在医学院的校友，告诉我最好是剖宫产，这样可以保护孩子的脑子不受伤害。我毫不犹豫地答应了。

在手术台上，我的校友只在我肚子的表皮上打了一点麻药，就打开了腹腔，翻山倒海似的在子宫里搜索，就像要把我的五脏六腑，连同这个不期而来的婴儿一起挖出我的身体。我在极度的疼痛中无助地抽搐、哀号，像是在人间地狱里煎熬。然后，随着一阵“哇哇”的哭声，感觉一团洁白的云朵载着我的那具几乎没有生命的躯体，在天空自在地飘浮，飘到了很远很远的地方。

“小靖，小靖，看，这就是你女儿！”母亲的声音像从天边飘来，我努力地、慢慢地睁开了眼睛。眼前是一团粉红色肉肉的小脸蛋，两条细细的眼裂上看不到一根眉毛，扁扁的鼻梁，小小的嘴唇慢慢地蠕动着。母亲轻轻地托着她，把这个小肉团凑近了我的脸，让她那稚嫩的面颊在我的面颊上来回温柔地磨蹭——那一瞬间，我清醒了，我的灵魂和肉体都一起回到了这坚实的大地——我知道，母亲手中的这个婴儿，就是我十月怀胎的产物，就是我生命的延续——我心中爱的延续。她是我从死亡线上挣扎回到这个世界的源泉和动力。

这就是她的小名的由来。“延延”——我生命的延续。

延延是三月下旬出生的，那正是禾苗开始出土、小树开始发芽的早春。我的家姓是“鲍”，与“报”和“抱”同音。“就叫她‘鲍春’吧。”她的奶奶建议道，意为“预报春天”，或者是“拥抱春天”。我更喜欢后者的含义，因为那更有诗意。从她出生的第一天起，就给我带来了生命的春天——我多年来对生活的失望和沮丧被她甜蜜的笑容驱赶到九霄云外，像世上所有的妈妈一样，从此生命赋予了我新的、重要的使命：让我怀中的这个小生命，我可爱的女儿快活地长大。

延延是在龙年出生的。在中国的十二生肖中，龙是神话传说中的生物，象征着好运、威望和权力。龙年出生的人往往性格外向，精力充沛，充满激情，喜欢冒险，追求浪漫的生活，自信和无畏，有崇高的理想，智慧超群，气宇轩昂。

但是，有本书上说，龙年出生的人，因有神龙般神秘，以及变幻莫测的特质，所以个性令人难以捉摸。龙年出生的人天生具有权威感，任何事都无法吓退这条龙，属于富有野心的梦幻家。因此，他们也脾气坏，武断，易冲动，专横，还很固执，经常需要别人的原谅。

没曾想这些典型的隐喻精确地描述了延延的个性。而这种个性，在国内时，是被压抑的。所有认识她的人，无不为她的“听话”和“乖巧”而羡慕我，因为在国内，好孩子的标准就是“听话”，听父母的话，听长辈的话，听老师的话。

也很奇怪，后来一旦她飞出了国境，在以色列，在美国，她的那种与生俱来的属龙的天性就显现无余！

延延是在我的自行车后座上长大的。在西方，对大多数人来说，骑车主要是用来锻炼和娱乐的。但延延出生的时候，我们当时主要的交通工具是自行车。

在天津和很多中国的大城市里，成百上千辆自行车共同拥挤在狭小的车道上，很多时候自行车甚至要和大型公交车、卡车以及小轿车挤在一起。路面坑坑洼洼，路口经常混乱不堪。骑自行车的人常常得等上好一会才能有机会通过马路。公交车司机们很少去关心路上的骑车人，发生交通事故也是家常便饭。延延的一个校友就是在去学校的路上丧生的，当时小姑娘正坐在她祖父自行车的后座上……

天气恶劣的时候，骑车真的是件充满挑战的事。中国北方的冬天出乎意料的漫长。道路都结了冰，总是让人打滑。所以你必须骑得很慢很小心，遇上交通拥挤的时候，就更困难了。万一有人不小心摔倒在了冰雪覆盖的大街上，后面的自行车就会一个接一个摔下来。虽然对于年轻人来说，摔一跤不算什么，但对于上了年纪的人恐怕就麻烦了。

我那时正在一家离家 30 公里的肺结核病医院工作。每天我都得骑着一辆旧单车去上班，每次来回都至少花上 3 个小时。从延延 5 个月大，刚会坐起的时候，我就把她放在我的自行车后座上带着她去我们医院的幼儿园。我在自行车的后座上架了一把椅子，固定住，椅座上放上棉垫，以免那坚硬的铁条把她的屁股勒伤。我把延延抱上椅子后，又用一根粗粗的绳子将她牢牢地捆在后座上。为了能让她坐得更舒服些，我有时还在椅子上加一顶小阳伞，使她免受风吹日晒之苦。

当延延渐渐长大后，她越来越重，我骑车带她就越来越吃力了，尤其在上坡的时候，要知道，那个时候的自行车可是没有变速功能的。在寒冷的冬天，当我终于把她送到幼儿园时，她的手脚总会冻得冰凉。每次看到她这个样子，我的眼里就噙满了泪水。我能做的只有把她冻僵的手脚放在我的胸口，试图用我的体温驱散她的寒冷。但除了这些时候，尤其是在好天气时，听着她在后座上唱着歌，聊着幼儿园里小朋友的故事，那是我一天中最快乐的时光。

延延就是这样无忧无虑地、欢快地在我的自行车后座上慢慢长大。

钢琴梦魇

延延6岁的时候，我倾尽家里所有积蓄，为她买了一台钢琴。在国内，让孩子学会弹钢琴是很多父母的共同心愿。但因为拒绝学钢琴，有一次她的手背被打得又红又肿。这顿打在她的心里留下了永远的伤疤。她也开始了无声的反抗。

紫红色的幕布徐徐地向两边拉开，一个身着粉红色长裙的妙龄少女，坐在一架油光发亮的三角纯黑色钢琴前，正在演奏舒伯特的《小夜曲》。优美的旋律在她那纤细修长的手指下优美地倾泻出来，时而像高山流水，时而像江河奔涌，这琴声拨动着在场所有听众的心弦，激发着人们对生活无穷的遐想和激情……

像坐在台下所有的妈妈一样，我幻想着台上的那个女孩就是延延……实际上，从延延牙牙学语的那一天起，我就开始了这个粉红色的幻想。

所以，在延延刚满6岁时，我和她的父亲拿出家里几年来积攒的钱，给她买了一架钢琴。客厅太小，没有地方放，只好把它放在我们的卧室里。一台大钢琴几乎占据了卧室一半的空间，连过道都被占据了。我们到处打听哪里有好的教师，然后轮流接送她到老师家里学钢琴。钢琴凳子对她来说太矮了，她的双手够不着琴键，我就在凳子上放上好几个海绵坐垫。

我小时候也曾幻想过，成为那样的会弹钢琴的女孩。但我们家里穷得连饭都吃不饱，当然无法想象去学一门乐器，更何况那么昂贵的钢琴！

那时，让孩子学钢琴，就像是一阵春风，无形地刮进了每家每户……一时间，买钢琴，请家教，成了我们年轻父母生活中一件最重要的事情。恐怕这是天下母亲普遍的心理吧：自己忍受了穷困的生活，一旦当了母亲，多么想把我们小时候没有得到的东西，统统地奉献给我们的女儿，把我们未完成的愿望传递给女儿，因为女儿是我们生命的继续，是我们的未来和希望。当然，她们也应该去完成我们自己没能实现的梦想。

那时候，延延是一个乖乖的孩子。我让她做什么，她几乎是非常顺从的。虽然我知道她心里并不愿意弹钢琴，但她还是服从了我们的安排。在那个年纪，哪个孩子不想自由自在玩耍、聊天、看电视呢？谁愿意苦苦地在那坚硬的钢琴凳子上，一坐就是一个小时呢？

但延延从来没有表现出反抗，或拒绝弹琴，拒绝上课。她自从出生起，就是我们的骄傲——她具备一种最最优良的品质，那也是我们每一个中国父母都希望在自己下一代身上看到的：听话。“听话”的同义词也就是“顺从”。这个词语和词语背后传统的历史和故事，是三天三夜也讲不完的。这种“听话”，其实是对孩子心灵的压抑，对他们天生的好奇心和独立意识的最大伤害。在犹太人的词典中，在他们的教育方式里，是找不到一模一样的词和意义的。

我那时在天津的一个医院当医生，经常要在医院值夜班，延延也经常来医院陪我，所以我的同事们都很熟悉她。有时我也请同事或邻居照看她。不论我让她去谁的家里，或是跟哪个朋友走，她都会乖乖地听从，并且甜甜地对我说：“妈妈，你放心，我会听叔叔阿姨的话的。”也就是说，任何我临时委托去照顾她的大人让她做什么，她就做什么。我为有这样一个女儿而骄傲。有一次我们医院里有人别出心裁地搞了一个评选“最佳孩子”的活动。十几个孩子一起参加评选，而评选的标准就是“听话”。延延是大家公认的最听话的孩子，所以那个桂冠无疑戴在了我宝贝女儿的头上。

过了一段时间，延延已经能够弹一些简单的曲子。我们的心里好开心。为了女儿的前途，我们可以吃糠咽菜，把存下来的钱给她去上钢琴课，只要她愿意学弹琴，只要她能坐在钢琴前练习，我的心就像喝了蜜一样的甜。

“妈妈，我今天肚子有点疼，能不能不去老师家学弹琴？”有时，延延充满渴望地看着我说。但我会拽着她的小手，不由分说把她放在我的自行车后座上。

我知道她是在耍花招。

也许这一切，都是出于父母的一厢情愿。我们从来没有问过延延，学钢琴是不是她想做的事，也没有必要问。当时父母为儿女的前途去决定他们要做什么，应该做什么，是很正常的事。再后来，每次上课之前，她的抵触心理越来越明显了，但不管她愿意不愿意，我们都会软硬兼施地把她带到老师家里。回到家后，也是想尽了办法要她练习弹琴。

直到有一天，老师终于向我诉说了对延延的不满："延延好像从来都没好好练习钢琴。她比我所有的学生都落后很多。"

"老师说你最近一点进步也没有，说你上课开小差，而且根本就不做老师给你安排的作业，不练习弹琴。你说是怎么回事？"晚上回到家里我对她叫道，心里又失望又焦急。

"我不想弹琴，你们为什么非要我去上钢琴课呢？"她愤愤地瞪着我，不甘示弱。这是她第一次如此对我回嘴，含着一种明显的仇恨和敌意。

"你说什么？你恨弹琴？"我想起自己那个粉红色的梦想，和全家人为了那个梦想所付出的努力。不知怎么的，一股极大的失望和痛楚使我控制不住自己，我顺手拿起扫床的小笤帚打她的手背，也打她的屁股。这是我第一次那么重地打了她。她尖声哭叫了起来！听着她那号啕的哭喊，我的心像针扎了一样疼痛。这哪是打她啊，明明是打在她的手上，疼在我的心上。

那失去理智的几秒钟，让我付出了巨大的代价！

在以色列，延延对父母打孩子的事深恶痛绝，但我们之间从未认真地讨论过这个话题。直到来到美国几年后，我才深切地体会到那次因为学钢琴的事打她，对她的伤害有多大。

那天，我在家里举办春节晚会，张灯结彩，让我们的美国朋友都感受到中国新年的气氛。晚会非常热闹。所有朋友都满意地走后，我当时最亲密的好友理查德留了下来，帮我整理和清扫厨房。

理查德是第一次参加这样的中国春节晚会，所以非常激动和兴奋。厨房收拾停当后，他问延延："你一定很为你的国家、为你自己和你的妈妈感到骄傲吧？你是何时离开中国的？你是喜欢中国、以色列，还是美国？"

为晚会辛苦了一整天的延延，这时斜躺在沙发上，半睁着眼，说："我离开中国太久了，记忆很遥远了。我有很多朋友，但他们都在以色列。他们爱我，我也爱他们。我在国内一个朋友也没有，我离开那儿时才10岁，没有什么记忆，有的只是痛苦的记忆。妈妈有一次打我。她用扫床的笤帚打我，我的手肿了许多天。"她的声音渐渐地弱了下去，然后我听见了她的啜泣声。

看着她那泪流满面的脸，我的心瞬时停止了跳动。那是我第一次听她诉说心底的痛楚。我在遥远的记忆中搜索，试图寻找何时我会那样认真地打她。终于想起了那天打她的经历。

理查德把目光转向我，不敢相信地看着我。他几乎与我同岁，也有一个女儿，但他从没有对女儿举过一次手。他不可想象我会这样对待自己唯一的女儿。

"是这样吗，靖？你真的打了她吗？"从他那惊讶而又有些憎恶的眼神中，我可以想象，如果我们不是多年的老朋友，他也许会因为这一件事，就把我的名字从他朋友的名单上清除掉！

我向延延走去，默默地坐在她的身边。我用纸巾为她拭干了眼泪，然后自己也禁不住流起泪来。虽然自从到以色列后我对她关怀备至，我们母女相濡以沫，相依为命，但那块伤疤却已经深深地留在了她的心里，很难把它消解。我多么希望能够找到一种灵丹妙药，让她忘了那段经历！

"妈妈，我其实并不怪你，我知道你是世界上最好的妈妈，你给了我一切。我不恨你，也不记仇，你放心好了。只是我很难忘记这件事！"

我有许多不同阶层、不同种族、不同信仰的朋友，他们都知道我是那种最有爱心、最能为女儿献身的妈妈，我从未向他们谈起自己打女儿的事件，否则他们会如何想我呢？从小生活在西方社会的理查德，是不可能想象这件事的。几天后，理查德对我说："你真的不应该那么做——你看，这对你女儿的伤害有多大！"

人活在世上，往往是社会的产物。在国内，父母打孩子是天经地义、习以为常的事。中国的古话"不打不成才""棍棒底下出孝子""不打不是爱"为父母提供了打孩子的"理论根据"。生活中确实有许多这样的例子。如果一家中有几个孩子，被打得最多的那个，长大后往往是最有出息，也是最为孝顺父母的孩子。

当然，打孩子有不同的方式。用尺子打，用手打或者是用其他任何东西打。学校里的老师出于“关心”和“爱”孩子也会打孩子。在孩子不用功学习或者不集中精力上课的时候，大多数的家长很支持老师打孩子。他们认为，只有这样严格的教育，孩子才能学好功课。他们都希望老师能够严加教管他们的孩子，所以很少有家长抱怨老师打孩子。

延延从小就是在这样的环境下长大的。她也曾经挨过爸妈的打，在她不听话或不学习的时候。随着时光的流逝，一切都成了遥远的记忆，早就云开雾散，无从寻觅了。多年后回忆往事，我甚至不敢想象自己那时的言行。我想那时候的延延与其他孩子一样，相信打骂是家长爱的表示，所以从未有任何异议。如果她没有移居以色列的话，也不会有不同的见解。

在西方社会，即便是同一个时代，情况也大不一样。

在以色列，延延从未见到家长打孩子。起先她感到很奇怪，然后她听说打孩子是犯法的，不论是谁打谁，即使是家长打孩子也是犯法的。这与她多年来在国内所见所知和所体会的大不一样，她感到一种释放和自由。也许这也是她在以色列如鱼得水、快乐自由的原因之一吧。

有时她的言行把我气得火冒三丈，我刚扬起手（只是想吓唬她而已），10 岁的她站在我面前，瞪着大大的眼睛看着我：“你敢打我，我马上就打电话叫警察！”她没有在吓唬我。若她真的给警察局打电话，我会被警察带走的。我的一个邻居就是这样被带走的。

每个人的一生中都会做几件错事，甚至是愚蠢的事。但对我来说，从没有一件事使我如此的痛悔。我感谢女儿不记恨我，但我真的希望时间能够倒回，我会用心、用情去感化她，引导她，而不是用武力去强迫她学钢琴。

没想到 20 年过去了，还常常听说国内有人用这种方式逼孩子弹钢琴。我想以自己的经历劝告这些家长，这种盲目的、愚蠢的教育方式不应再继续！

在从香港飞往以色列的飞机上，在从东方世界到西方世界的旅途中，在那广袤无垠的蓝天上，在那幻想和现实交替的时刻，我们母女俩相互依偎着，尽情地说着悄悄话。两年的分离，让我们对彼此有说不完的话！

“妈妈，我想告诉你一件事。但你千万不许生气，不然我就不告诉你了。”延延把头靠在我的肩上，望着窗外悠远、重叠的白云。

“我保证……什么事都不会让我生气。”我那时真是把女儿含在嘴里怕化了，怎么会有心情生她的气呢？

“你还记得我当年在家练习弹钢琴的时候，经常向你要水喝吗？”

“当然记得。”我是多么渴望她成为一个好的琴手，我记得她学琴的每一个细节！

“实际上，每次你给了我一杯水，等你转身后，我就把水倒在了钢琴的琴键上……”我一下被震得目瞪口呆！我这时才恍然大悟：“难怪那架钢琴总是出毛病，我总是要找人来修！”

“你知道，我那时恨死了你们逼我学钢琴——因此我也恨死了钢琴。”她那黑白分明的瞳仁和她直截了当的话语一样，把她心底的秘密一泄无遗。

我的心紧缩了——我无法想象像小猫一样温顺的女儿，会用这样的方式去发泄她对钢琴、对我的仇恨，去反抗她妈妈对她的幻想、希望和爱！我不能想象如果我当时就知道这件事情会怎样去做，但现在，除了对女儿的坦诚充满感动外，我还能说什么呢？

但是，她应该明白，我那时都是为了她的前途才逼她学弹琴的！

“你知道，我是为了你——”

“你才不是为了我呢——你是为了你自己——为了能在你的朋友面前炫耀，你的女儿会弹钢琴！”

也许她是对的。也许我那粉红色的梦想多半是为了我自己——为了追回自己失去的年华和人生机遇，为了让自己的梦想在女儿身上实现，所以强加给她她不想做的事。

想到这里，充满深深的内疚，我把延延搂在怀中，向她保证：“从今往后，妈妈再也不会逼你学钢琴……而且，我再也不会逼你做你不喜欢的事！”

没想到几个月后，延延竟从“恨”弹钢琴，变得“盼”弹钢琴。

而这一切都归功于那个美丽的犹太姑娘，延延在以色列的钢琴老师——倪摹。

为了妈妈的梦想去以色列

世界上哪一个孩子愿意放弃自己熟悉的、舒适美好的家园，去一个遥远而陌生的“又脏又破又打仗”的小国家？但是，为了实现妈妈的梦想和追求，延延微笑着接受了生命的挑战。

没有妈妈在身边的日子是孤苦无奈的，这是幼小的延延面临的第一个人生挑战，但离别也使她过早的懂事、成熟了。

在以色列留学的最初两年，最最难耐的，是夜深人静时思念女儿的痛苦。白天，我像一块干渴的海绵，贪婪地汲取着知识的琼浆。夜晚，我望着窗外的繁星，默默地在心里与女儿谈话。我知道，虽然延延有外公外婆在生活上的悉心照顾，但日子终究是苦涩的。

没有延延的日子里，我在小小的卧室的四面墙上，都贴满了她的照片，一共有几十张，从她出生一直到我来以色列前照的。每天，我就能看着延延入睡，醒来又能望着她。在所有的照片中，我最喜欢的一张挂在我床头的正对面。7 岁左右的延延留着短短的黑发，圆圆的脸蛋上一双亮晶晶的黑眼睛，微启的嘴唇，像在沉思，又像在微笑，一朵粉红色的百合花正快乐地在她头顶的左上方开着。

第二年，我从本•古里安大学转学到了魏茨曼科学研究院生物工程系。我在实验室和动物房没日没夜地进行科学研究，终于得到了我导师约瑟夫教授所期待的实验结果。这些近乎理想的图表和数据，证明了一个表皮生长激素可导致癌症的重要机制，也成了我在顶尖世界级生物学杂志发表的第一篇论文的重要组成部分。

等我有了一份稳定的奖学金，并为延延布置好了她的房间，做好了接延延来的一切准备时，已经两年过去了。两年啊，700多个难熬的日日夜夜！那天，约西（我导师约瑟夫的名字）让莎蕊转告我："现在，靖可以休假回中国接女儿来以色列了。"

那晚，我走出实验室的时候，阵阵花香迎面扑来，月亮是那样皎洁，星星是那样美丽而又多情！

我的心像一只金色的小鸟，向着广袤无垠的天空欢唱："我就要见到延延了……"

回到家里已经是以色列时间晚上8点，中国时间夜里2点。我好不容易熬到延延该起床的时间，然后急不可耐地给珠海家里打电话。

已经10岁的延延银铃般好听的声音在电话里急急地问："妈妈，你什么时候回珠海？"

"我明天一大早就去买回珠海的机票。但我只有一共不到一周的假期。以色列现在基本上安全，我想在以色列读完博士学位后再回珠海，你跟我来以色列生活几年好吗？"

"什么？妈妈，你还想回到以色列去——而且接我也去以色列？"延延在电话里大声地惊呼道，我可以想象她那黑亮的眼睛睁得老大，"不，妈妈，我才不去那么危险的国家呢。我听老师说，以色列是个天天打仗、又小又脏又乱的地方，好像那儿人人都很野蛮，还会用砖头砸人！"

我一时无言以对。我并不吃惊延延会对以色列有那种印象。自从我去了以色列，她和外公外婆对所有关于以色列的消息非常关心。电视上有关以色列的报道多半是关于以色列人如何与巴勒斯坦人争夺领土，甚至互相残杀。是的，可恶的中东战争毁灭了多少人犹太人民和阿拉伯人民应有的美好平静的生活。我理解小小年纪的延延对妈妈在那个纷乱的国家生活的担忧。

"妈妈，我真的不想去以色列……你一定回到珠海来好吗？我们家的生活可好了——外婆每天做很多好吃的饭菜，我们房子背后的山上，又刚建了一个漂亮的山顶公园。从窗口望出去，盛开的鲜花可美了。"延延充溢着童稚的声音恳切地劝说着我。

我不知如何回答。我是做好了一切准备回珠海去接她来以色列的。

电话那端，敏感的延延一定察觉到我的失望，于是用充满稚气的声音急急地，又有点语无伦次地请求着："妈妈，答应我，你也不要再回以色列好吗？"

延延拒绝跟我去以色列是有原由的。母亲告诉我，有一天学校让孩子们介绍家长的职业，延延走上台去，骄傲地对同学们说："我妈妈是个医生，但她现在在国外读博士。"那是2002年，也有几个同学的家长去了国外留学，把孩子留在家里，由祖父母照看，所以老师和学生对这类事已经司空见惯。

不料一个女同学问她："你妈妈在哪个国家留学呢？"延延说："在以色列。"同学们一个个面面相觑，不知以色列在哪里。因为那时候，孩子们都听说过美国、加拿大，还很少有人听说过以色列。

不等延延作答，一个从教室门口经过的男教师走了过来："什么？你妈妈在以色列留学？以色列不就是那个天天打仗、又脏又破又小的地方么？犹太人和阿拉伯人天天在打仗。我还从来没有听过有人在那儿留学。奇怪，你妈妈怎么可能在那留学呢？那里太不安全了。"这个男教师可能是教政治或地理的。

延延吓得睁大了眼睛，瞪着这个男老师："不，我妈妈去的地方很安全，你不要胡说！"

那天晚上，延延躲在被子里哭了很久，并不断地问外婆："你说我妈妈在以色列会安全么？你能不能让妈妈早点回珠海来。"幼小的女儿哪里知道，以色列的战火风云和中东的安全问题，正是当时我在对那个国家一无所知的情况下把她留在国内忍受母女分离的重要原因！

到了以色列后我经常给她电话。国际长途电话费很贵，但我省吃俭用，除了打电话的费用外，我把每一分省下的钱都存起来，因为我知道她来后要增加消费。以色列炎热干旱，但我很少花钱去买一瓶矿泉水。

我知道我没有能力在电话里说服她过来，于是决定，见面后再与她商量。我知道延延一向是善解人意的。

那些年，祖国真是日新月异。才离别了两年的珠海，就已经发生了很大的变化，处处高楼耸立，绿草如茵。当汽车驶入香林新村我的家时，远远地就看见一个胖乎乎的小女孩，穿着一件外婆做的红底白花的合身的短袖上衣，孤零零地倚靠在小区的门栏前，翘首向着我乘坐的汽车方向张望。

这就是我日思夜想了两年多的女儿！我立刻向她奔去！延延抬起脸，充满期盼又有些害羞地看着我向她跑来，但两手仍然紧紧地握住身后的铁门栏。

我把久别重逢的女儿紧紧地搂在怀中，千般相思，万般期盼，都化作滚滚泪水无尽地奔涌。千言万语不知从何说起，心里只是重复喊着："对不起，妈妈让你等得太久了！"我本以为最多分别几个月或一年。

但要说服延延跟我回到"又脏又破又天天打战"的以色列，真的是件非常艰难的事。

我告诉她我在以色列的研究有多么的重要，并告诉她，等我一拿到博士学位，我们就一起回珠海。我给她讲我在以色列的生活和我的犹太朋友。我还给她看我带来的好多照片："看，这是妈妈给你布置好了的房间。"我递给她几张我租的楼房外观和她的卧室的照片。给她准备的卧室很小，只能放一张床——实际上我没有给她买床，只是在外面捡了一个松散的席梦思床垫，放在卧室的大理石地上。那是一个双人床垫，我在上面铺了彩色的床单。延延瞟了一眼那个放在地上的"床"，没说话。

"这是我们的魏茨曼研究所，就像一个大花园一样，一年四季鲜花盛开。尤其是玉兰花开的时候，一天到晚香气扑鼻。"延延一向爱花，但她这时仍然一言不发。

"以色列也有一个中国小女孩，她会跟你一起玩，你就不会孤独了。"我那时已经打听到一对也在读博士的中国夫妇，也有一个和延延同岁的女儿在以色列读书。

延延还是一言不发。

我又拿出了几张照片，是我有一次在学校里，看见一队来参观的小朋友时，给她们拍的照。我对延延说："这些是以色列的女孩子，她们长得跟中国女孩不一样，个个大眼睛，长睫毛，头发是棕色的，又卷又长，她们都很美丽，而且很热情。你会喜欢她们，她们也会喜欢你的。"其实我那时还没有和与她同龄的女孩相处过，后一句话只是我的想象。

延延这次接过了照片，充满好奇地看着照片上那几个穿着紧身衣服、活泼可爱的女孩子们。

“这是我在以色列最好的朋友奥娜，和她的狗，基尼，你可以和它玩。”照片上的基尼长得小巧精致，一身棕色光滑的短毛，脖子上套着一个红色的项圈，上面可以挂上一个可伸缩的链条，奥娜带它出去散步时用手牵着，基尼就不会乱跑了。可爱的宠物永远是孩子最好的朋友，我这次的计策是聪明的。

“妈妈，你是说，我可以跟这个基尼玩吗？”延延终于开口说话了。我看到她的两眼散出了亮光。

“当然，当然，当然，奥娜一定会让你跟基尼玩的！”我激动地连声答道。

“好吧，妈妈，我同意跟你去以色列。”延延轻轻地，又有点勉强地对我说。

我的心顿时像一棵久旱的禾苗终于盼来了渴望已久的春雨——我紧紧地搂住了我的女儿！善解人意、顾全大局是孩子的美好品德，但重要的是父母循循诱导的艺术。我在心里为自己骄傲和庆幸。

“妈妈从此以后永远不会离开你——我们永不分离。”我一字一句地对她说。

但我心里最明白不过，使延延同意跟我去以色列的，并不是那个可爱的基尼，也不是那些诱人的照片，更不是我苦心的劝说，而是那两年来女儿对妈妈的思念和担忧——那两年没有妈妈的日子是痛苦难捱的，尽管有外公外婆的悉心照料，但小小年纪的女儿，只是想和妈妈天天依偎在一起，永远不分离，不论以色列有多可怕、多危险。

以色列领事馆非常合作，很快我拿到了延延去以色列的签证。

于是我们母女两人，一人带了两口箱子，开始了令我们终生难忘的以色列留学生涯……

Chapter 02 在以色列

犹太文化熏陶下的叛逆成长

地图上难以找到的这片小小的月牙形的土地——以色列，

成了这个黄皮肤东方姑娘的第二个故乡。

这里见证了她的成长和蜕变，她也以“筷子歌星”而闻名全国。

在国内，通常是，别人告诉我什么，我就应该记住什么，并把它当作事实。在以色列，我学会了思考问题，学会了问“为什么”，学会了重新评估别人灌输给你的东西，并自己判断什么是对的，什么是错的。我也才知道，我有权力去选择自己想做什么和应该做什么。我从头到脚地爱上了以色列。

在很短的时间内，我的以色列朋友们接纳了我，虽然我长得跟他们完全不一样。有时候他们会盯着我，像看一个来自外星的人，因为他们中有很多人从来没有接触过亚洲女孩。但我是他们的一部分。

在以色列，人们生活得很自由，很爽快，男孩和女孩可以公开地说话，讨论问题，在一起玩，参加聚会，家长和孩子也有更密切的关系，他们会勇敢地告诉对方“我爱你”。

在以色列，我得到了第一次亲吻，并从一个小女孩成长为一个比较成熟的少女，不论是从心理上还是生理上。

在以色列，我经历了那么多的第一次，就好像我平生第一次睁开了眼睛！

贝蒂·鲍

2004 年 10 月年写于美国沃尔特·约翰逊中学

初到陌生的国度

人生有时很无奈——延延在没有选择的情况下随妈妈来到了遥远而陌生的小国家以色列。但是，她乐观地用微笑去迎接未知的命运，并适应环境，最大程度享受生活的美好。

人与人的吸引力和亲和力，有时候是超出我们正常的理解力的。正像台湾著名女作家三毛，自从读了《美国国家地理》杂志的一篇描写撒哈拉大沙漠的文章，就对那片贫瘠的大地产生了一种莫名其妙的神往，并把自己的心交给了这片她从没有见过的土地，以致长期居住在那儿，写下了激动人心、广为流传的真实的沙漠生活故事。

而延延好像前生就与以色列有缘，自从踏上了这个国家，她就深深地热爱上了这片土地和在这里生活的犹太人民。

下了飞机后，延延静静的，一句话不说，但我知道她的心里充满了紧张和好奇。这是一个完全陌生的地方，一切都与她所熟悉的生活截然不同，也不同于她从电视里看到的景象。

出了本•古里安机场，坐在从机场去雷霍沃特的小车上，延延的两眼不停地往窗外看，那宽敞整齐的马路、碧蓝无云的天空、高大茂密的椰子树、绿荫笼罩下的楼房、五颜六色的鲜花，让她目不暇接。

走在以色列的马路上，延延紧紧地攥着我的手，一点儿也不放开，好像只要一松手，我就会从她身边消失似的。两年的分离使她小小的心灵充满了再次失去妈妈的恐惧。

快到家了。我们楼前的小路上整齐地停放着不同的小汽车，正是黄昏时分，很多人带着他们的小狗在悠闲地散步。他们长得都那么好看，走过延延身边都对她灿烂一笑，说一声“Shalong（你好）”。延延看着一条从她身边走过的小狗，多么想上前去摸一摸。

我又从延延那好奇的眼神里读到，她心里在不断地琢磨，这哪像是她从电视上看到的以色列啊！根本没有任何战火硝烟和人与人的冲突，一切都显得那么平静、美好、祥和。两年来，延延最关心有关以色列的新闻，但每次在屏幕上看到的，都是乱石堆砌的街道、硝烟弥漫的天空、拥挤杂乱的人群，还有枪炮的轰鸣，甚至是鲜血和死亡。

是的，就像延延刚刚踏上这片国土上所看到、感觉到的一样，在以色列这片小小的、在地图上难以找到的月牙形的土地上，实际上每一个城市都如花园般美丽，一年四季浓荫密布，鲜花盛开，绿草如茵，先进发达的灌溉系统随处可见，每天由计算机控制定时开放，自动给草坪和鲜花浇水，所以处处可见良好的生态环境。

以色列位于地中海的东南岸，北靠黎巴嫩，东临叙利亚和约旦，西南边境与埃及接壤，在南边有埃拉特海湾，西边有着与地中海相连的海岸线。因此，以色列主要为地中海型气候，特征为漫长而又炎热的夏季以及相对短暂而又凉爽多雨的冬季。以色列的降雨量很少，也分配不均，愈南部的地区降雨量愈低，尤其是在内盖夫沙漠地区。这种气候是受到临近的亚热带撒哈拉和阿拉伯沙漠地带与地中海东部沿岸的亚热带湿热空气共同影响的，所以空间和时间上的差异很大，会因为各地高度、纬度以及与地中海的距离而变化，往往你从一个城市出发时，穿着一件 T 恤还觉得热，但 15 分钟后到达了另一个城市，就会冷得要穿厚毛衣。

以色列又不愧是一个风情无限的宝地：历史悠久的耶路撒冷，神圣而又辉煌，是全世界亿万教徒心心向往的地方；年轻的不夜城特拉维夫，它那柔美白细的海滩是浪漫恋人的天堂；背山靠海、风景优美的港口城市海法，拥有一个金碧辉煌、美丽绝伦的巴哈伊花园，是全世界巴哈伊教信徒们虔诚朝拜的圣地。

像绸缎一样温柔细腻的死海，实际上是个“不死之海”，那多盐的海水可以把你托向梦的天堂；位于以色列最南端的城市埃拉特，以迷人的海底和绚丽的珊瑚而闻名，是全世界知名的红海度假胜地；圣洁秀丽的加利利海，曾经轻浮耶稣横跨湖面，现在是教徒洗礼的地方；还有那浑厚辽阔的大沙漠，它的如诗如画的壮丽景致，吸引了以色列第一任总统和他的后继者们在沙漠上建起了海市蜃楼般的茅屋、大学和城市。沙漠上的大卫•本•古里安大学就是我在以色列第一年就读的学校。

每年的 6 月至 9 月是无雨的季节，每天阳光灿烂，平均温度非常高，延延到达以色列的那天又几乎是那年夏天最热的一天。

我租的是一个三室一厅的套房，在一座四层楼楼房的第三层。第一层是水泥钢筋柱子支撑的停车场，周围是新近种植的鲜花和盆景。一进家门是一个四方形的客厅，客厅尽头是一整面的落地窗户，连接着一个与客厅等宽的阳台。厨房很简单，只有一个煤气炉子和烤箱。在西方国家生活，烤箱是必不可少的，相反很多人一年四季从来不用炉子。我们的家离魏茨曼研究院只有 15 分钟的路，骑车只要 5 分钟。从魏茨曼正门口出来，穿过马路，沿着一条楼群间的小马路走 10 分钟，再往左拐个弯就到了。不需要经过大马路，所以对孩子比较安全。

我在以色列用的所有家具都是破旧的。有的是拾来的，有的是从二手市场上买来的。一方面是为了省钱，另一方面也是因为过几年要离开以色列，就将就着过吧。我那看上去很独特的书架，是用几块木板和一些红砖头堆起来的，上面铺上彩色的纱巾和延延的照片，倒也很别致，像是个小小的艺术品。白色塑料的桌子和椅子是我的朋友米克送给我的，我在塑料桌子上铺上一块漂亮的桌布，倒也很温馨。客厅用的沙发是房东留下的仅有的家具，显然很老了，有的地方突然坐下去会陷进去很深。延延来前，为了节省费用，也为了有人做伴，我和两个犹太姑娘合租这个套房。延延来了以后，她们两人陆续搬走了。房间里没有空调，所以屋里的气温即使在晚上也非常高。

延延很怕热，很快她全身的衣服都被汗湿透了。床上的温度太高，没法睡，累极了的延延倒在水泥地上，立刻就甜甜地睡着了。她胖乎乎的脸上和身上一直不断地出汗。我蹲在她身边持续地给她扇扇子散热。我已习惯了这样的生活环境，但实在不忍心让延延忍受这种炎热，于是，我不顾烈日，到附近的商场去买电风扇，但发现由于那几天过分炎热，所有商店的电风扇都被买光了。

那时我们在珠海的生活已经很现代，家里样样电器都有，有装修得很好的三室一厅的大房子，空调是必须有的。珠海夏天也很炎热，但显然比以色列好多了。但是，对这些简陋的生活条件，延延从来没有任何怨言。

犹太小学开学第一天

在珠海香华小学读书的时候，延延的英语老师送给每个学生一个英文名字，她得到的名字是“贝蒂”。她喜欢这个名字。所以在以色列和美国，她就以贝蒂为名。

很快，以色列的小学要开学了。按延延的年龄，她应该上小学四年级。以色列有一所国际学校在特拉维夫，离我们的住处不算太远，但我作为一个普通的中国留学生，根本不可能送她去国际学校，只能进我们住处周围的小学校。我很顺利地为她在斯宾扎克小学办好了所有入学手续。毫无疑问，所有地方学校教学都是用希伯来语言。

斯宾扎克小学坐落在我们居住的雷沃霍特市区，离我们的家和魏茨曼研究院都很近，所以延延不用坐校车，走路十几分钟就可到。雷沃霍特市是一个中等大小的城市，坐落在以色列的中部地区，往北方走20公里就到了美丽的海滨城市特拉维夫。雷沃霍特又被称作“科学和文化城市”，因为闻名遐迩的魏茨曼科学研究院以及希伯来大学的农学院就坐落在这里。这是个非常安静、和谐、安全，很适合家庭居住的城市。

斯宾扎克小学是一个典型的社区小学校，始建于1954年，它坐落于内物叶乌达的小区。校门不大，只有两扇铁门，大门口正对着一个窄巷子，看上去一点也不壮观。单从外表上看，这所小学要比她在珠海读的香花小学差多了。但是，这所小学历史悠久，小学的名字是以以色列总理约瑟夫•斯宾扎克的名字命名的。

约瑟夫•斯宾扎克在1951~1952年曾担任以色列总理。

像国内的一些老牌学校一样，斯宾扎克小学虽然校舍陈旧，但却是一所非常著名的学校。不仅历史悠久，而且教师力量雄厚，是所人才辈出的小学。这也许与它非常靠近魏茨曼研究院有关吧。魏茨曼研究院教授的孩子们也常常在这所小学就读。每年的在校生有大约600个，分6个年级，每个年级3~4个班，每个班35~40个学生。

建校40多年来，这所用以色列前总理命名的学校，曾经迎来送往上万个来自世界各地的学生。因为以色列是一个移民国家，很多犹太人在回到以色列前，曾居住过全世界各个角落，但是他们大多来自俄罗斯/乌克兰（前苏联）、摩洛哥、阿尔及利亚、突尼斯、罗马尼亚、波兰、伊拉克、美国、埃塞俄比亚和法国、英国、德国等国家。每个孩子往往在家里说着一种他们回到以色列前的那个国家的语言，一旦到了学校，就说希伯来语。

在很多家庭中，有时三种语言并存。爷爷奶奶一辈说一种语言，父母亲一辈说一种语言，孩子说的又是另一种语言，这些孩子的父母往往要承上启下，所以希伯来语和英语是必须要学的，再外加一种甚至两三种语言。

1998年的秋季，这所小学迎来了第一个来自中国的女孩——延延。

那天，我牵着延延的小手一起穿过校门，穿过大厅，再往左拐，进了老师和校长办公室。温和的女校长让我放心，说他们会照顾好我女儿，并会把她安排到学校最好的老师班上。我对她的好意表示非常感谢。

我要离开了，延延又恋恋不舍地跟着我来到了校门口，然后挥手向我道别。我目送着她走进了校园。她背着一个从国内带来的小书包，穿着一条蓝色的长裙和黑色塑料凉鞋，梳着齐耳的短发。她发现，这儿跟她所熟悉的香华小学太不一样了！墙上、门上都贴满了孩子们喜欢的五彩油画，有很多标语，但上面写的东西乱七八糟，就像地上的蚂蚁乱爬后留下的痕迹，见不到一个她所熟悉的中国字。

这时，同龄的小朋友也都三五成群地往学校涌进。有几个女孩子从延延身边走过，好奇地盯着她看。他们那时还很少见到来自东方的女孩呢，所以，她们停下脚步，微笑地看着她——这个“天外来客”的小学生。

“你是谁？叫什么名字？”一个穿着紧身红色T恤衫的女孩大声地用希伯来

语问延延。这些犹太孩子们一向是想什么就说什么，有什么问题就立刻发问。她们不知道什么叫“矜持”，什么叫“含蓄”。这也是很多犹太女孩的特性。她们绝不会把想问的问题藏在心里。

见延延不明白她说的是什么，这个犹太女孩又转而用英语问道：“你是谁？你叫什么名字？”虽然在以色列的小学校里，大多数孩子只会说希伯来语，但是，也有很多的学生曾经跟着父母在美国生活过，所以这些孩子的英语都非常流利。这个女孩一定是在美国生活过。

这时延延明白了她用英语问话的意思。在珠海的香华小学，她已经学了一些简单的英语，她一直是英语班最优秀的学生。但那也不过停留在课堂上而已，直到那天前她还从未用英语与外国人交谈过。

延延看着这个女孩，不知如何回答。她在心里想着：“名字，告诉她们哪一个名字呢？”延延有三个名字。在国内的学校里，老师都叫她正式的名字“鲍春”，但她从来就不喜欢“鲍春”这个名字，她觉得不好听。在家里，妈妈和所有的亲戚朋友都叫她“延延”，她喜欢妈妈给她取的小名，她觉得它的音和意都很美好。但是这儿毕竟是学校，是比较正式的场合，她不能让她们称呼她的小名，而且也许这些与她长相不同的孩子不会正确地发“延延”这个音。

想了一会儿后，突然，她有主意了。在香华小学的英语课堂上，英语老师给每一个学生都起了一个英文名字，也给了她一个名字，叫“贝蒂”。她灵机一动，在以色列，反正要用英语与人交流，就像在香华小学的英语班里一样。

“我的名字叫——我叫——贝蒂！”一旦决定了，她就很快地用准确但并不很流利的英语回答了这个女孩的问题。

“贝蒂，贝蒂，多好听的名字啊！”一直在盯着她看的那一群女孩子发现这个“天外来客”会说英语，这下可高兴了，一齐拥上前来，几乎是前呼后拥地把她推进了四年级的教室。从此，她在斯宾扎克小学，在以色列，就以“贝蒂”为名。她的正式名字“鲍春”，和我给她的名字“延延”，在以色列几乎没有人知道。

所以，为了读者方便阅读，从现在开始，我将用“贝蒂”替代“延延”。

成为快乐的“萨布拉”

土生土长的犹太人被称为“萨布拉”——“仙人掌”的意思。就像仙人掌的果实一样，他们外表粗糙干硬，甚至棘手，但如果你真的和他们交友，你会发现他们的内心细腻、柔和、甜美！而犹太孩子的性格，就像以色列火热的太阳一样，热情奔放，开朗又豪爽。

贝蒂在去以色列前，除了从电视上看到的、听到的有关战争和贫穷外，对以色列一无所知。没想到她很快就成长为一个“萨布拉（Sabra）”。

那天把贝蒂送进小学后，我一直非常的紧张和担心，心神不定地在实验室工作，因为我知道很多在以色列的外国访问学者或者博士生的孩子们，因为语言不通，竭力拒绝在以色列上学。学校下午 2 点放学，我就提前骑着我那破旧的自行车去校门口等她。正值午后烈日炎炎，我站在学校大门对面的街道上，只见学校门口人头攒动，马路上排满了来接孩子的小汽车。

远远地，我终于看见贝蒂了——但她不是一个人出来的，而是前后紧紧地跟着好几个女孩子！看见我后，贝蒂就与那些女孩们挥手再见，然后兴奋地向我跑来。

她的小脸通红，满是喜悦，不但没有抱怨哭泣，而是滔滔不绝地向我讲述学校里有趣的故事：“妈妈，我很喜欢这所小学——我今天已经交了好几个朋友了！”她一边喘气一边对我说，红彤彤的脸蛋上汗水直往下流。

我心里的一块石头这才落了地。多少年过去了，我依然难忘那天她红彤彤的兴奋的脸蛋！

几天后，我和贝蒂在街上散步买东西。照例，她的手紧紧地攥住我的手。突然，她把小手从我的手中抽出，兴奋地往前奔跑。原来她远远地看见了她的同学。只见前方的两个犹太女孩子一边高呼着“贝蒂”，一边也向她奔跑而来，然后三个女孩高兴地、亲热地拥抱亲吻，为这意外的见面而惊喜。我站在一边想：这哪像是我的女儿？在国内，她一向是腼腆、拘谨的，见到陌生人常常是不说话先脸红。

在国内我们很少亲吻拥抱，即便在我将要飞向地球的另一半，不知何时再见时，我父母和我也没用这种方式告别，朋友之间更不会亲热地拥抱，但在以色列这是家常便饭。没料到贝蒂一下子就进入了角色，尽管她那时只能用简单的英语与她们交流。看着贝蒂和同学们亲热的样子，我心里不禁又惊喜又感动。

从那以后，贝蒂每天都盼着去学校，从未逃过一天的课。想必她在学校非常快乐。送她上学，再接她回家也成了我一天中最快乐的时光。学校里的每件事、每个人，她都感到十分新奇，常常激动地向我讲述学校的趣事。

再过了一段时间，她熟悉了去学校的路，就自己来回，不用我再接送了。有时早上她比我走得早，背着沉重的书包走到门口时，她会转身对我说：“好了，我要走了，妈妈，你应该说什么呢？”我说：“I love you.”她说：“Me,too.”然后很高兴满足地去上学了，要不然她就粘着不走，非要等我说出那句话。

不出几天，她就告诉我，老师要学生们选出自己最喜欢的同学，已经有好几个同学选她作为“最喜欢的同学”。

我经常很晚回家，她总是在家里看电视等着我，一听我开门的声响，她就跑过来紧紧抱住我，亲吻我。有时她会猛地跳到我身上抱住我。她那时很重，我就顺势倒在旁边的沙发上，又从沙发上滚到地上，我们搂着，抱着，笑着，然后就干脆双双躺在地上，听她说着当天学校里的故事。有一次我说我太累了经不住她沉重的身体，从那以后，她总是一进门就站得远远地问我：“妈妈，你今天累不累？”如果我说不累，她就跳到我身上尽情撒娇。如果我说累，她就跑上来，深情地抱住我，我就弯下身子亲她一下。

傍晚时分，绿荫环抱中的魏茨曼研究院在夕阳的余晖下显得庄严而又秀丽，蜿蜒起伏、修剪整齐的草坪上、溪水边，往往聚着很多访问学者或者外国学生的家属们。她们穿着漂亮的衣裙，带着孩子，在这条研究院的必经之路的边上，一边享受美好的大自然，互相说笑闲谈着，一边等待他们的丈夫——孩子们的父亲从一天繁忙的科研生活中归来。魏茨曼研究院每年有好几百个来自世界各地的访问学者，他们的家属也大多住在附近。我常常也看见很多与我同龄的中国妇女，以及她们的孩子。不得不承认，有时当我又累又饿、头发散乱着从她们身边走过的时候，多么希望我也是她们中的一员，而贝蒂也会像那些欢乐的孩子们一样随时享受妈妈无微不至的关怀和照顾——因为她们拥有一个完整的家庭，拥有人人羡慕的人生模式。

但我没有这种命运。一个单身的职业女性，一个追求事业和梦想的女性，要靠自己微薄的奖学金去维持女儿和自己的生活。而贝蒂，在不到 10 岁的时候，就必须自己照顾自己，自己陪伴自己，自己去寻找生活的乐趣，而且是在一个对她来说完全陌生的地方，完全陌生的人群里。“我自己照顾自己有一个好处，”有一天贝蒂幽默地对我的一个朋友说，“我看到有的同学，打开妈妈给他们准备的午饭盒，不喜欢，就随手把饭扔掉了——我就从来不会这么做，因为我的饭盒是我自己准备的！”

在以色列，让贝蒂一见钟情的是法拉法（Falafa），一种中东地区传统的食品，实际上是一种特殊的三明治：一个软软的、中心是空的大圆饼，在它的中间或上面切个口，里面塞满了油炸的蔬菜丸子。这是以色列人最常吃、最喜欢的食物，规模很小的法拉法店铺在以色列比比皆是。但法拉法并不是犹太人独创的，而是典型的中东食品，尽管欧洲国家卖法拉法的食品店也很普遍。一个鼓鼓满满的大法拉法只需要几个谢克尔，不贵，而且具有很高的营养价值。

贝蒂在家里吃惯了外婆做的中国饭菜，这种法拉法对她来说太新鲜，也太可口了！

猪肉是犹太教的禁食。贝蒂在去以色列之前，实际上从她很小开始，就不吃猪肉了，也许这也是贝蒂在以色列生活如鱼得水的原因之一吧。以色列最多的食物是蔬菜和水果，也有很多橄榄油，贝蒂再也不必担心饭菜中会混合猪肉，因为外婆在家里做饭时总爱放猪肉，有时猪肉和鸡肉看不出来，她就会再三询问，只要菜里有一点猪肉，她都坚决不吃。外婆希望她吃点猪肉，就好心地骗说是牛肉或鸡肉，使她很气恼。在以色列她就根本不用担心这个问题了，市场上根本买不到猪肉，只有在少数从俄罗斯来的犹太人开的小超市里有猪肉卖，但很贵，有些中国留学生或是从苏联移民来的犹太人，实在太想吃猪肉了，也就只好去那儿买一块猪肉解解馋。我自从去了以色列后就再没吃过猪肉。

从我们家到魏茨曼研究院要经过一个小小的花园，贝蒂常常会去那儿等我回家。这个小花园在一条小巷的末端，经常会有一些野猫在那儿玩耍、觅食。有一只纯黑色的小母猫，贝蒂最喜欢了，她给它取名为“杰克”。每次贝蒂去花园等我的时候，总是提前一点到那儿，先给杰克喂点水，或一些食物，然后她就坐在花园的长椅上，把杰克放在她的腿上，抚摸它，跟它说话，逗它玩。

一旦见到我从巷子的尽头出现，她就会对杰克说：“对不起，我妈妈来了，你也回家吧。”于是她便轻轻地把杰克放到地上，欢笑着向我奔来。

“妈妈，杰克今天一点都不听话。我告诉它，我要走了，因为我妈妈来了，它还是赖在我的腿上不走。我又把它放在地上，对它说‘我妈妈来了，我妈妈比你对我更重要，你走吧’，但它还是不走。最后我生气了，不得不离开了那里。”有一天她这样对我说，充满了稚气的笑容是那么纯洁，那么灿烂。

在一个全新的生活环境里，贝蒂没有抱怨，没有愤怒，没有眼泪——相反，她度过了儿童时期最快乐的阶段之一。

注重“行为教育”的班主任老师

人都说教师是人类灵魂的工程师。教师，尤其是小学教师，对于孩子心灵的成长、世界观的形成和习性的养成都会起到尤其重要的作用。虽然这些孩子长大了可能会忘记一些事情，甚至忘记这些教育他们成长的人，可是这些启蒙教师的功绩是永远不会被磨灭的！贝蒂是幸运的，在国内有外婆教会她中文，在以色列有一个极富爱心又精通儿童行为和心理学教育的班主任老师努瑞特。她教育的孩子们都礼貌、热情、包容和关爱，不需要语言的沟通，贝蒂一下子就和他们打成了一片。

斯宾扎克小学的四年级有三个班。当这所小学迎来了它的第一个中国学生时，校长把她分到了努瑞特的班上。这绝不是随意的，因为努瑞特是斯宾扎克小学最优秀的教师。

努瑞特是个有三十多年教龄的教师，中等身材，双眼皮，高鼻梁，卷曲的、短短的棕色头发整齐地梳在脑后，看上去有五十岁左右，是位非常端庄美丽的犹太知识女性。努瑞特一岁的时候从保加利亚随父母和四岁的哥哥移民到了以色列。她的父亲在以色列是一个大银行的总管，也是一位有名的爱国主义领袖，曾经多次组织保加利亚到以色列的移民工作。她的母亲是一位幼儿园教师，把自己的一生都用来培养幼儿园的孩子。也许是受到母亲的熏陶，努瑞特从小就热爱教育事业。她在特拉维夫读了三年的师范大学后开始在小学任教。在做了多年的教师后，又重新上学，读了一个教育心理学的硕士学位。有她这样的资历和学历，她完全可以在中学甚至大学任教，但她却甘心一辈子在小学任教。她相信培养孩子最关键的时期是在小学阶段。

像很多以色列女孩一样，努瑞特 18 岁的时候在部队服役，第二年便与一个优秀的小伙子谈恋爱，后来与他结了婚。她的爱情非常美满。她的丈夫是物理学博士，也是从我在读的魏茨曼研究院毕业的。他一生成就非凡，为以色列飞机制造行业做出了杰出的贡献。不幸的是，他英年早逝。现在，努瑞特有两个儿子和一个女儿，大儿子已经有两个孩子了。女儿和儿子都有很好的工作和幸福的家庭。

努瑞特对于教学非常热爱，她懂得孩子，也具有丰富的教学经验。在她那鲜花盛开的家里，有一间房子，专门用来陈列她多年教学生涯的纪念品。在那间小屋的墙上和柜子的抽屉里，不知积累了多少明信片、贺年卡和非常令人感动的来自学生的信件。她怀着发自心底的欣慰对我说："那是我一生最大的收获和奖赏。"

虽然贝蒂不是班上最矮的学生，努瑞特还是让贝蒂坐在第一排座位上，这样她好给贝蒂特殊的关照。努瑞特向小学生们介绍了贝蒂的情况，并告诉大家如何欢迎她的到来。贝蒂非常有礼貌，非常可爱，她不需要任何语言的沟通，就与大家打成了一片。

最初的几个月里，努瑞特几乎把所有的课余休息时间全部给了贝蒂，与她谈心，教她学希伯来文，在此同时，努瑞特也很想知道中国学校的情况，中国的孩子是怎么生活和学习的。比如说，中国学生上学的时候表现如何？喜不喜欢老师？老师和学生之间的关系如何？学校的家庭作业多不多？上课时间长不长？学生在学校是不是很努力？学生要是不按时完成作业，老师会怎么做？家长会怎么做？而从贝蒂那儿得到的所有信息，对努瑞特来说都非常的新奇、有趣。

当努瑞特发现贝蒂经常放学后要一个人在家里，等好几个小时妈妈才能回家的时候，她召集了全班开会。她说："贝蒂的妈妈在魏茨曼的工作太忙，经常要很晚才能回家。所以，你们有谁的妈妈能够放学后帮助照顾一下贝蒂？贝蒂先跟你们回家，然后贝蒂的妈妈到你们的家里把贝蒂接回家。"

努瑞特最得意的学生之一丽然子的手第一个举了起来："我相信我妈妈会愿意照顾贝蒂的！贝蒂可以每天跟我回家！"这时，又有好几只手都举了起来。努瑞特为此奖给了丽然子一封感谢信和一朵鲜艳的红花。从此，丽然子和她那极富爱心、极其热情的家，成了贝蒂在以色列的第二个家。

特拉维夫大学心理学硕士毕业的努瑞特，对孩子心理发育和行为学有独到的、深入的研究和实际经验。她教育学生要尽最大能力帮助别人，要耐心、友善，不要做自己不喜欢别人对自己做的事；学会尊重别人的观点，即使它是一种不同的观点；每一个人的行为规范要有益于社会。

努瑞特的教育会涉及很多的“关系学”和“行为学”，包括男孩与女孩的关系，孩子与父母的关系，孩子与大人、与朋友之间的关系。由于以色列独特的移民问题，学生们来自世界各地,努瑞特特别重视教会孩子如何去尊重和接纳来自不同背景、有不同文化、持不同观点的人。

记得有一个课程叫做“人—人—人”，旨在教学生如何与别人相处，如何尊重别人，和自己长相不同、语言不同、背景不同、宗教信仰不同的人相处。虽然斯宾扎克小学大多数的学生是犹太人，也有一部分阿拉伯人，也有一些学生的家长是非法在以色列居住的，但在学校里，大家都应该和平相处，一视同仁。

上行为课的时候，她把教室里所有的桌椅推向四周，孩子们围成一个圆圈坐着，这样每一个人都能看到其他人。他们在对话的时候，都要非常的礼貌。每一次讨论都设有小裁判，由学生自己担任。努瑞特在一旁静静地观察学生们的对话。等对话完毕，小裁判要给参加讨论者打分，给予鼓励，也分析讲解不正确或不恰当的言行，然后由所有的同学们提意见，努瑞特最后做出总结。

每次行为课讨论的课题也都是由学生自己选定的。讨论的主题多种多样，全是孩子们生活中所遇到的、希望学习和探究的实际问题，比如，“一个新同学来了，你应该如何去关心和帮助他？如果你是那个新同学，你希望得到什么样的对待？”“同学生日聚会，很多人都被邀请了，但你没有被邀请，你又很想去，该怎么办？”“你过生日的时候，你想邀请谁？仅仅是请女孩子？仅仅请男孩子？没有被请到的同学会怎么想？”“如果可以自己做出决定，你想要什么样的家庭作业？”“你打算如何去花你的零用钱？”……

这些课程生动活泼、非常有趣，对孩子们的身心发育、健康行为的培养起到了非常有益和重要的影响。

回观我自己，我在“学工学农”中度过了吸收知识最好的年华，所以从来不懂什么是“行为课”。为此我也请教了有四十年教龄的母亲。母亲说：“我们的学生连语文、数学、政治课都来不及上，怎么可能会有时间上这样不重要的课程呢？”

户外旅游和野外生活的能力，也是学校一个侧重点，孩子们经常被带出去观光，学习大自然，还有的学校在孩子很小的时候，就分配给他们一片试验田，种花种菜，使孩子们从小就学会热爱农产品，与大自然亲密接触。

根据男生和女生的兴趣和需要的不同，努瑞特还会教给他们一些独特的技巧，比如教女孩子缝纫和做饭，而教男孩子种田和木工活。

由于以色列战争不断，学校一个重要的课题是关于战争。老师要向学生讲解和平的重要，还教会学生在紧急情况时如何躲进防空洞，讲防空洞的机理，以及如何在防空洞里生活。在自杀式爆炸频繁的时候，她还教育孩子们如何识别和报告没有人看管的包裹。很多学生的家长都曾经在部队服役，而且他们的父亲每年都要去部队一个月，努瑞特向孩子们解释这是为什么，以及如何在父亲不在家的时候帮助母亲承担家务，度过这段没有父亲的日子。

每年斯宾扎克小学的毕业典礼都有一个主题，贝蒂毕业的那年，努瑞特挑选的主题是“和平”。典礼举行的背景屏幕是一大片湛蓝色的天空，一个可爱的小天使骑在一只硕大的白鸽上展翅飞翔，无数雪白的鸽子也在天空中自由起舞。象征着和平的仪式最后结束时，载歌载舞的孩子们每人手捧一只白鸽，然后将它们向蓝天放飞。

“选择和平是因为我们热爱和平，我们期望和憧憬和平，尽管我们现在还得不到和平。我们的孩子们唱和平歌曲，跳和平舞蹈，我们梦想和平。我们向孩子们讲诉战争与和平的故事，讲因战争而死亡的烈士们的事迹，讲约旦和埃及的情况和和平协议。所以和平的主题贯穿全学期，但我们有时候又不得不讨论战争——因为那是严酷的现实。而孩子们应该从小学会面对现实。”努瑞特在电话里充满激情地对我说。

贝蒂是努瑞特众多学生中唯一的中国学生，是第一个，也是最后一个，所以多年过去了，努瑞特对贝蒂的印象仍然非常深刻。她对贝蒂希伯来语的学习、在以色列的生活、自信心的树立，都起到了非常大的作用。

贝蒂是幸运的。没有努瑞特的帮助，贝蒂的希伯来文不会进步得如此之快，也许，她在以色列的生活也不会如此顺利、自信和愉快。人生的道路，有时是由一个人或一件事铸成的——我认为这话很有道理。

我经常把努瑞特和我的母亲联系起来。我的母亲在乡村的小学里教书，也把她的一生奉献给了教育事业。这两个女性一个在中国，一个在以色列；一个在贝蒂五岁的时候教她中文，一个在贝蒂十岁的时候教她希伯来语言。我母亲用她丰富的教学经验，在很短的时间里教会了贝蒂上千个美丽的方块形中国文字。作为教育心理学的高材生，努瑞特用她那博大的爱心和独特的行为学、心理学教学方法，不仅教会了贝蒂希伯来文，而且引导了贝蒂在以色列的健康成长。这两个年龄相仿但属于不同国籍、说不同语言、长相不同的老师，在贝蒂的一生当中，都起到了不可磨灭的重要作用。

学第三种语言——希伯来语

从对希伯来语一无所知，到熟练地运用这种语言，贝蒂用了不到 4 个月的时间。班主任老师努瑞特的帮助固然重要，但也多归功于她的同班同学丽然子。真诚的友谊是孩子健康成长的阳光和雨露，而儿时培养的纯情的友谊是永远的财富。丽然子和她的一家成了贝蒂充满恩爱的犹太大家庭。

在以色列有了一个良好的开端，接下来的问题是语言的沟通。在以色列的地方小学，不懂得希伯来语是没有办法学习的。

以色列的官方语言是希伯来语和阿拉伯语。希伯来语与阿拉伯语有很多相似之处。希伯来语同时是《圣经》所用和犹太人祈祷的语言，是把犹太人联合到一起的语言。很多在以色列的犹太人也会说阿拉伯语。

希伯来语是一种美丽而又历史悠久的语言，它是犹太人的民族语言，也是世界上最古老的语言之一。不论听说读写，它都与中文迥然。希伯来语没有元音字母，只有 22 个辅音字母，从右往左书写，并缺乏形容词，因此人们就用比喻的方式来描写。许多文学作品和文献都是用这种语言创造出来的，今日则主要保留在《圣经》、死海古卷和大量犹太教法典及文献之中。过去的两千五百多年，希伯来语主要用于《圣经》及宗教方面的研究，为犹太教的宗教语言。以色列建国后将希伯来语定为官方语言之一。

民间曾流传着这样一个故事：有人从一个女孩手中抢走一个布娃娃。才上学一个月的女孩吃了一惊，抓住那人的衣袖，用希伯来语叫道：“还给我！还给我！”

那人装作听不懂，要女孩说意第绪语，但女孩坚持说希伯来语，宁可失去布娃娃。

对我们成年人来说，再学一门语言并非易事，很多人根本没有时间去学习希伯来语。因此，语言的沟通问题，就或多或少地局限和阻碍了我们留学生在以色列的社交生活。

希伯来语和中文是两种截然不同的语言。我一直有些担心，贝蒂能否学会希伯来语，但见她在学校很开心也就没有过问。我相信她有语言天赋，聪明伶俐的贝蒂在 4 岁时，外婆就教她中文，不到 5 岁时，她就可以听说读写几千个方块状的中国文字。但是，没想到有一天努瑞特打电话给我："我有点担心贝蒂。几个月过去了，她的希伯来语好像没有什么进步。她在课堂上很沉默，经常不说话，她仍然每天用英语在学校与同学交流。"

这下我开始着急了。为了能让她尽快学会希伯来语，每天放学后，我带她一起参加了魏茨曼研究院办的希伯来语学习班，每周两次。每次我不论多忙，一定坐在教室里陪她学。那个班的学员都是我们魏茨曼研究所的博士或研究生，我是得到了特殊允许才带她去上课的。但她在课上始终一言不发，我也不知她有没有听懂。

又过了些天，我做出了决定。如果她仍然不会说希伯来语，我就没法在以色列继续读博士，只能带她回珠海。虽然我的研究做得很顺利，并希望能坚持到底，在以色列拿到博士学位。但是，我不能为了我的学业而耽误了贝蒂的前程。

"如果你仍不会希伯来语，我们只好回珠海了。"那天我终于忍不住了，"我很快就会买飞机票回国。我们一起回珠海，我也不读博士了。"

"不，我不要回珠海，我喜欢这儿的学校，我爱我这儿的朋友们，我要在这儿生活！"她突然大声地叫着，起先用很急的中文夹杂着英语和希伯来语，后来就全用希伯来语！

我一下目瞪口呆！我以为她根本就不会希伯来语！我绕过饭桌，一把把贝蒂紧紧地搂在怀里，欣喜的眼泪滴落在她乌黑的短发上。

接下来的那个晚上，她都用流畅的希伯来语与我交谈。我只能部分理解她说的是什么，但我知道，她说的希伯来语很流利、很地道，抑扬顿挫，就像她的歌声一样悦耳动听。

后来她回忆起学语言的事，实际上，自从来到以色列的第一天起，她就在用心地听，用心地学。但是，在她没有足够信心的时候，她不愿意开口。而一旦时机成熟，水到渠成，就一发不可收拾。这跟心理学家的理论也是一致的。

从此以后，她的希伯来语越来越熟练，她用希伯来语聊天、上课、写字、唱歌，以至于后来没有人不为她的一口流利的希伯来语而惊奇。一年半过后，贝蒂要升到卡其尔中学了，我先去那儿为她报名。负责报名的中学老师有几个问题要问贝蒂，于是和她通了电话。老师在电话里与贝蒂聊了一段时间后，转过头来对我说："你女儿的希伯来语说得太好了。如果不是我知道你是她母亲，我永远不会猜到与我通话的那个女孩是个中国人。她听起来纯粹是个在以色列出生的萨布拉！"我听得心里甜滋滋的。

应该说，她在中国所学的英文为她在以色列学习犹太语奠定了很好的基础。以色列小学从三年级才开始学英语，但贝蒂在国内从二年级就开始上英语课了。去以色列时贝蒂已在珠海的香华小学上了两年的英语课，有了一些英语基础和词汇，她能读和认一些英文，但从来没有真正用英语与任何人交流。为了让她练习英语，我在家里天天要求她说英语。我们之间的交流都用英语。我出去工作后，她在家就看英文电视台节目。在以色列与她同龄的中国女孩，如果没有一定的英文基础，学习希伯来语的难度就会更大。一开始，她的老师让她与会说英语的孩子在一起，这些孩子在美国生活过一段时间，所以他们会说流利的英语和希伯来语，这样，她一开始就能用简单的英语与小朋友们沟通。

说着一口纯正的希伯来语的贝蒂在以色列如鱼得水，与她的犹太朋友们更加水乳交融，亲密无间，度过了女孩成长发育中最重要的时光。

贝蒂的班里共有 40 个学生，20 个男生，20 个女生。当然所有的课程都是用希伯来语上的，这在一开始对贝蒂来说，简直就像是对牛弹琴。老师在黑板上写的那些字，就像是一个个小蚂蚁在移动，没有任何意义。她听不懂别人在说什么，所以别人在上课，她就坐在那里东张张、西望望，虽然她在用神听，用心看，但往往是一句话也不说。有时候，坐在那儿太闷了，她也会拿出从中国带来的图画书看。

丽然子是全班最优秀的学生之一，也是贝蒂最早的朋友之一。后来，她的家几乎成了贝蒂在以色列的第二个家，继而又成了我经常度过周末晚宴的地方。

丽然子比贝蒂大几个月，个子也稍微高一点，她几乎是努瑞特最得意的学生，各门功课成绩总是在全班领先。但是，丽然子从来没有去过美国，她不属于班上说英语的孩子群，所以最早的时候她和贝蒂的接触并不多。她的座位离贝蒂也比较远。

但丽然子一直在悄悄观察着贝蒂，最初吸引丽然子的，是贝蒂那迥然不同的外表。犹太孩子每一个人都留着长长的棕色卷发，或者披下来，或者盘在头顶上或脑后，贝蒂却留着一头齐耳的乌黑短发。她的眼睛又细又长，单眼皮，跟犹太孩子的又大又黑的眼睛完全不一样。

丽然子见贝蒂很少说话，总是静静地坐在那里观察别人的活动。贝蒂在去以色列前就是这个样子，很安静，又很害羞。因为在国内，好孩子的标准就是听话，听父母的话，听爷爷奶奶的话，这就是父母对她的愿望。有时丽然子看到贝蒂很孤单，就走过去主动跟贝蒂说话，然后才发现在贝蒂文静的外表下有着一颗热情、活泼的心，而且贝蒂非常的聪明、幽默、乐观，对一切充满了好奇。丽然子用她在课堂上学到的一点英语与贝蒂交流。那时贝蒂的英语比丽然子的好多了。

有一天下课的时候，丽然子走过贝蒂的桌子，看见贝蒂正在看一本图画书——她能看懂图画的意思，但是上面的字她一个也不认识。

“贝蒂，这是什么书？说的是什么呢？”她停下来好奇地问。

“这是我从中国带来的书，是一本诗集。而这一篇诗词，在中国是最最著名的……”贝蒂开始用她不很流利的英语给丽然子解释。

“哇，你能读懂这样复杂的文字，真的了不起！”丽然子把书拿到手上，前后翻了翻。

“我外婆在我很小的时候，就教我认字、写字，所以我5岁的时候就能认识好多个字了——到我上小学一年级的时候，我已经能够认得上千个字了！”贝蒂看到丽然子睁大了惊奇的眼睛，越发得意地说。

“我永远也学不会这样的文字——你是我见过的全世界最聪明的人！”丽然子由衷地赞叹道。

“但我现在要学希伯来语，因为这儿没有人说中国话。希伯来语跟中文没有任何一样的地方，太难学了！”贝蒂有些灰心地说。

“你们中国的文字才最难呢！如果你能学会那样的字，那你一定能学会希伯来语。”丽然子肯定地说。

“我还是觉得太难了！”

“那，我教你希伯来语。”丽然子自告奋勇地说。这也不奇怪，因为丽然子在班上成绩最好，又一向乐于助人。

“这太好了，我先谢谢你了！”贝蒂高兴地说。

聪明的丽然子灵机一动：“我的英语不好，你教我英语好吗？我想和你练习英语！”

“好主意——一言为定！”

“一言为定！”

两个女孩子说到做到。从此，她们一有时间就凑到一起，各人的书包里都背着一本字典，不会表达的词语就临时翻看字典。往往是贝蒂用希伯来语问，丽然子用英语回答，很快，贝蒂的希伯来语大有长进，丽然子的英语也流利多了。

随着贝蒂的希伯来语说得越来越好，朋友也就越来越多，她信心大增，开始了如鱼得水的生活。

“这个周末是我的生日，你到我家来参加我的生日聚会好吗？”相处了一段时间后，丽然子向贝蒂正式发出生日聚会的邀请。犹太孩子们过生日，大多是要邀请同学一起欢度的，但有时也不是所有同学都会被邀请到。由于贝蒂是新来乍到的学生，这还是她第一次受到邀请。

以色列有众多的传统节日，再加上每个孩子每年一次的生日聚会，所以一年四季，日子像是在数不清的节日和聚会中度过。贝蒂在以色列的日子里，不知道参加了多少同学的聚会，每次都那么开心，那么兴奋。但我至今记得最清楚的是她第一次参加丽然子生日聚会的情景。那天也可说是贝蒂来到以色列后最激动的一天。

“妈妈，今天我最好的同学丽然子过生日，她请我去她家参加聚会。所以，如果你回来时我还没有回来，你不用担心，她们已经告诉我，晚上丽然子的父亲会送我回来的。”贝蒂打电话告诉我说。

我正巴不得呢，正好我可以做实验晚点回来。

丽然子家住在雷霍沃特市的另一个区域里，离我们家较远，丽然子每天要乘坐小学的校车上下学。那天放学后，贝蒂和丽然子一起乘校车去了丽然子的家。我们家离学校很近，平常贝蒂不需要坐校车，所以她兴奋地欣赏着沿途的风景。很快就到了丽然子的家。

跟我们家相比，丽然子的家好大，有三层楼，共有四个卫生间，还有一个大花园，花园里有一个吊床。他们家还有一只三个月大的狗。丽然子有一间很漂亮的卧房，在二楼，通着一个大阳台，风景可好了，可看见大片绿色的草坪和一个农场。

聚会有很多吃的，饮料、蛋糕、水果，应有尽有，与她在中国的食物不一样，统统都很好吃。一见到贝蒂，丽然子的妈妈奥莉就喜欢得不行，口里不停地用希伯来语叫道：“哈木的，哈木的——哎再哈木的！”意思是：“可爱的，可爱的，你真是太可爱了！”她走近贝蒂，摸着贝蒂的头，手指在她那又直又黑的头发中一次又一次地滑行，然后捧着她的笑脸，细细地欣赏她。这个犹太母亲，还是第一次见到东方女孩来家里作客。

“妈妈，贝蒂不喜欢别人摸她的头发！”丽然子大声地对她妈妈喊道。

奥莉直说：“对不起，对不起。我不知道贝蒂不喜欢这个，那我就不摸了。”

“没关系——我不喜欢别人摸我的头，因为他们摸得太重了。”贝蒂急切地解释道，又害羞又兴奋地望着奥莉。她从奥莉的抚摸中感到了一种真情的关爱。告别的时候，奥莉的丈夫莫地也紧紧地把贝蒂搂在怀里，久久地不放开。莫地是一家人的司机——他总是来回接送一家人到他们所要去的地方，后来他也成了来回接送贝蒂的司机。

那时奥莉和莫地已有了三个孩子。丽然子是老大，她有个妹妹，比她小一岁半，还有一个弟弟，那时才五岁。

聚会一共来了二十多个小朋友，都是家长开车送来的。每人都带来一份礼物，一束花，一个笔记本，或一个小玩具。吃完蛋糕，音乐声响起，大家就开始跳舞，跳的是迪斯科什么的。大家都在跳和扭，贝蒂也跟着一起跳。丽然子妈妈向跳舞的人群撒礼物，大家都拥上去接礼物。丽然子的妈妈很喜欢贝蒂，每次撒礼物前都给贝蒂使个眼神，让贝蒂做好准备去接礼物。所以那天她是接到礼物最多的人。

奥莉在厨房忙前忙后，贝蒂几次跑去问她是否要帮忙，也许她因为这个就更加喜欢贝蒂了。奥莉对贝蒂说："你以后可以经常来我家玩，想来就来，一周来两三次都行。"

奥莉是个绝好的厨师，那天做了一桌的菜，把贝蒂看得眼花缭乱：一整只烤鸡；一大盘子沙拉，沙拉里面什么都有——西红柿、黄瓜、青椒、生菜、果仁等等；几个刚出烤炉的大面包，散发着诱人的香味，边上放着"互母思"——那是一种以色列特有的豆酱，加上特殊的调料，又爽口，又很有味道，用来抹在面包上吃的。贝蒂想，这些饭菜和外婆在家里做的太不一样了，她真的样样都想吃、想尝。一桌的食物中，只有一样是她熟悉的：在她的碟子前面，放着一碗白白的米饭。

丽然子端起那个装米饭的碗，就要往贝蒂的盘子里加白米饭。贝蒂赶紧用手去阻拦她："不，我不想吃米饭。"

"什么？你不想吃米饭？我妈妈特意为你做的米饭，因为她听说中国人最爱吃米饭——而且只爱吃米饭！"

"是的，那是我在中国家里的时候。也许是我吃得太多了，所以吃腻了。现在我想吃别的——我想吃以色列的饭菜！"贝蒂的眼睛盯着冒着热气的面包和"互母思"。

丽然子又接着说："我还听说中国人的眼睛之所以又细又长，是因为吃米饭吃的，因为米是细长形状的。"

这时大家一起大笑了起来。贝蒂还是第一次听到这样的说法，也感到非常好笑。也许这是真的？谁知道呢，反正丽然子一家人都太喜欢她了，她也非常喜欢丽然子一家人。

下午7点左右，贝蒂又给我打来了电话："妈妈，聚会已经结束了，但我想在丽然子家多玩一会儿，要晚点回家。"我晚上9点才离开实验室，贝蒂那时也刚刚到家，果然是丽然子的父亲送她回来的。我进门时，她正在家里玩两个皮球，说是丽然子妈妈给她的。然后她又让我看她那天得到的其他礼物：一盒彩色粉笔，一根跳绳，几块糖果和巧克力。

临睡前，贝蒂还喋喋不休地向我讲述那天下午的经历。最后，她疲倦至极，在我的床上满怀兴奋地睡着了，小脸上挂着甜甜的微笑。那时，我的手表指针已指向 11 点。

我起身走到客厅，打开落地窗户，走进阳台，深深地吸进一口以色列夜晚特有的清新的空气。贝蒂在这儿过得多么快乐啊！早知如此，我决不会独自来到以色列，让贝蒂忍受那两年不在妈妈身边的痛楚。如果时间能够倒转该多好！

用一堂课激发学生兴趣的犹太钢琴老师

在以色列，贝蒂每天主动去琴房，而且每次都深情地亲吻琴键。这一切，都是因为倪摹，一个音乐治疗系的大学生。倪摹教贝蒂热爱音乐、热爱钢琴，而不只是“弹”钢琴。感谢那个心灵和外貌都极其美丽的犹太姑娘，使我那粉红的梦想得以实现。

在从北京到以色列的飞机上，我在心里下决心不再逼着贝蒂弹钢琴，但是，可怜天下妈妈心，在把贝蒂接到以色列仅仅几个月后，一种希望她继续学钢琴的渴望又在我的心里蠢蠢欲动了。

走进魏茨曼研究院的大门，往右边不远的地方，可以看到一个三层高的楼房，它的名字叫“克罗楼”，这个楼是由一个捐款人的名字命名的，像魏茨曼许多其他的楼一样，这栋楼是一个学生宿舍楼，许多魏茨曼研究院的研究生和博士生都住在里面。贝蒂来之前，我也在那儿住了几个月，那儿条件好，又非常方便，只要走几分钟就到了我的实验室，而且又特别便宜，几乎是免费居住似的。而在外面租私人的房子住，费用很贵，又不方便。但自从贝蒂来到以色列以后，我就不能住在那儿了。那栋楼只允许单身或夫妻居住，不允许有孩子居住。

“克罗楼”的大门口是一片巨大的草坪，一年四季总是碧绿发光。草坪上有几棵硕大的、茂密的棕榈树，树荫下的草坪，是学生们常常栖息的好地方。那儿也常常是人们午餐的宝地。我常常看到学生们拿着一瓶水、一个三明治，就坐在大树遮掩下清凉的草地上吃了起来。从那儿放眼望去，魏茨曼园内绿树成行，鲜花盛开，真是比很多有名的大公园还要漂亮。

在“克罗楼”的一楼，有一个巨大的钢琴房。靠墙角放着一架黑色的钢琴，是为学生准备的。偶尔可以听见里面传来的钢琴声，但大多数时间钢琴房是寂静无声的，也许是所有的学生都忙于功课，很少有时间弹琴吧。“这多遗憾，又多浪费呀。”我心想。

每当走过这个钢琴房时，我都会有意无意地停下脚步，留恋地往里面看看。有人弹琴的时候，我就在外面静静地站着听一会儿。趁里面没有人的时候，我常常会走进去，坐在钢琴凳子上，掀开钢琴盖，用手随意地按按，那清脆的琴声，随着我的指尖滑过那黑白相间的琴键而响起。我不会弹钢琴，所以那是一种纯粹的噪音，没有节奏，但它仍然会让我身心愉悦。

在贝蒂来到以色列几个月后，我就开始在心里盘算，怎么才能够让她继续学钢琴。要买一架钢琴是不可能的，所以，也许贝蒂可以在这个钢琴上练习。

那天我在这个空旷的钢琴房里静静地坐着，想着如何去实现这个愿望。还有，即使贝蒂可以得到允许用这台钢琴练习的话，我也需要为她寻找一个钢琴老师。到哪儿去寻找，又如何去寻找呢？

我正沉思着，宿舍管理员尼桑推门走了进来。大概是他发现有人进了钢琴房，却听不见钢琴声，所以感到好奇吧。那时，我已经认识尼桑很久了，知道他是一个极其负责又热心，对学生关爱备至的人。他是单身，高高的个子，健壮的身材，想必是经常锻炼身体的结果吧。他就住在一楼办公室边上的一个小房间里，不分白天黑夜，住这栋楼的人一有事就找他，他不厌其烦，有求必应。

“喂，靖，原来是你。你想弹琴吗？”他问。

“不，我不会弹琴。但是我的女儿会弹琴。尼桑，你知道我已经把我女儿接来了。她今年 10 岁。她从 6 岁起就开始学钢琴，现在我想让她在以色列继续学习，但我家里没有钢琴。她虽然不是魏茨曼的学生，但我是这儿的学生，我可以每次与她一起来弹琴——可以让她在这个钢琴上练习吗？”我直言不讳地问他。根据研究院的住宿规定，我被“赶”出了“克罗楼”，但我的女儿在这儿弹琴应该可以吧。

“当然可以，没有任何问题。你女儿随时来都可以。”他立刻爽快地回答。我想，也许他是因为让我离开“克罗楼”感到内疚，或是为了有多一个人在他办公室边上弹琴，好减少他的寂寞。虽然这是我预料中的结果，但我还是挺高兴，毕竟我的想法得以实现。

“你女儿叫什么名字？”他又接着问。

“贝蒂。”我答道。

“谢谢你，尼桑。但我还要为贝蒂找一个钢琴教师。你认不认识一个声望好的钢琴教师，可以向我推荐一下？”

“让我想一想。我倒是知道几个专门教钢琴的人，但跟他们都不太熟悉。”

“那就算了吧，我到贝蒂的学校里去打听。再次谢谢你。”我起身离开了钢琴房，向左边的“克罗楼”大门走去。他则向右拐，走回他的办公室。

我已经走到了大门口，正要推门出去。“请，等一等。”尼桑突然在我身后叫住了我。

“你……还有什么事吗？”我问，心里有点紧张，生怕他反悔刚才同意让贝蒂来学琴的事。

“我是想告诉你，我的大女儿现在是特拉维夫大学的音乐系学生，她业余时间也教人弹钢琴。她收费很低，也许你想认识她？”

原来是这样！我心里一下子放松了下来，暗暗地笑话自己：“人的一生有多少担心是多余的！”

“你的女儿教钢琴，当然好，不过，我能不能见见她再做决定？”一个年轻的大学生教钢琴？我有点不太相信。贝蒂在国内的钢琴老师都是50岁以上的有多年教龄的老师。一个大学生，怎么能有经验教学生呢？但是，她是尼桑的女儿，而且收费又比市场价低，所以我决定先见见她再决定。

“当然。我约个时间，你们可以在钢琴房见！”

“她叫什么名字？”

“倪摹。”尼桑回答。

“倪摹”，多好听的名字啊。现在回想起来，我是多么的感谢尼桑！

那天我到达钢琴房的时候，看到有一个姑娘在弹琴。她背对着门口，我只能看见她窈窕的背影和一头棕色的卷曲的长发。她的熟练的琴声是那么优美，那么舒畅，时而像小桥流水，时而像高山瀑布，一听就是一个专业水平的人在弹琴。我站在边上，静静地享受着这美好的钢琴独奏。

一曲终了，她站起身，把手放在唇边，亲吻了一下，然后俯下身子，用手爱抚着每一个琴键，最后轻轻地合上了琴盖。她没有察觉到我，她的整个身心都沉浸在她弹奏的音乐里，我看得出来。

她转过身，看见了我，知道我已经来了一会儿，不好意思地笑了，对我伸出了手："你好，我想你是靖吧，我叫倪摹，是尼桑的女儿。"她的笑容很灿烂，也很迷人。

她那时 23 岁，大大的眼睛，大大的嘴巴，一头蓬松的卷发衬着一张清秀的脸，皮肤深棕色，光滑滋润。像大多数犹太人一样，她有着细细的腰身，丰满的臀围。是有点音乐家的风范，我在心里对自己说。

"你好。听说你是音乐系的学生是吗？你的钢琴弹得很好。你是什么时候开始弹钢琴的？"我礼貌地问她。

"哦，谢谢你。我从小爱钢琴，但到了初中才开始真正地弹钢琴。我热爱音乐，我也常在舞台上演出。但我最热衷的是音乐治疗，我大学学的专业是音乐治疗系。"

"音乐治疗系？"我知道什么是音乐，什么是治疗，我是当医生的。但是，音乐治疗，我没有办法把两个不同的专业联系起来。

"是，音乐治疗，用音乐去治疗人的疾病。"

"音乐怎么能治疗疾病呢？什么样的疾病？"我不解地问。

"对于音乐和疾病的关系，人们早就有了很多的研究。音乐可以治疗很多疾病，尤其是对精神病的治疗，以及预防和治疗癌症，也可以帮助手术后的病人康复。"她很高兴我对她的专业感兴趣，于是开始解释起来。

"我是当医生的，我只知道用药物治疗疾病。音乐治疗，很有意思。但是，你怎么去给病人治疗呢？给他们演奏吗？"

"演奏是种手段，根据不同的病人，我们用不同的乐器演奏。但是，最主要的是，音乐治疗专家要懂得病人的个体情况，然后对症下药。就像医生开处方那样，我们要根据不同的病人情况，去作词作曲。音乐治疗要运用一切与音乐有关的活动形式作为手段，如唱歌、器乐演奏、音乐创作、歌词创作、即兴演奏、舞蹈等各种活动，而不是人们普遍认为的那样，以为音乐治疗只是听听音乐、放松放松而已。所以每一个音乐治疗专家往往都是音乐的全能手，会编音乐、写歌词，会弹奏各种乐器，如小提琴、吉他、萨克斯风、笛子、钢琴等等最普遍的乐器。”

“那么，你也要学会所有这些乐器吗？”我问。真的有些惊讶，一个人怎么能如此全能呢？

“当然，但我最喜欢钢琴和吉他。”

我不禁为这个年轻姑娘的雄心壮志和她对音乐的激情、对未来事业的憧憬打动。后来我又学到了好多关于音乐治疗的信息。音乐治疗其实早在几十年前的西方就开始研究和实践，但在全世界来说，它属于一门新兴的，集音乐、医学和心理学为一体的边缘交叉学科，是音乐的作用在传统的艺术欣赏和审美领域之外的应用和发展。音乐在医学和心理治疗领域的广泛应用和令人振奋的临床治疗效果，证明了人类一个古老的信念：音乐是具有驱病健身作用的。

实际生活中的无数例子已经证实了这些理论。根据搜索的信息，现在美国有80多家院校设立有音乐治疗专业，包括学士、硕士和博士学位，4000多个注册的音乐治疗师。中国的音乐治疗师近年也在不断增多。

这个年轻的犹太姑娘在她那甜甜的微笑中，给我传授了如此重要的、我从没有听说过的知识，使我不得不对她刮目相看。也许是由于我们的职业目标一致吧，都是为了治病，我一下子就决定雇佣她教贝蒂弹钢琴。

“谢谢你同意教贝蒂弹琴。但是，你学习那么忙，有时间教学生弹钢琴吗？”我把话题拉回了我们见面的目的。

“我每周要抽出半天的时间教钢琴。我很爱孩子，教他们我所热爱的音乐，对我来说是一种回报。再说，我需要挣点零用的钱。”她的脸上又露出了真诚的笑容。在以色列，几乎所有的大学生都要在周末打工，只不过倪摹的工作是教钢琴罢了。

“我曾经教过几个孩子，但还从来没有教过一个中国的孩子。所以我爸爸跟我说起贝蒂后，我就很兴奋。我渴望很快见到贝蒂！”她接着说道。

到了这个时候，我彻底被这个姑娘说服了。反正我也并不想让女儿将来成为音乐家，为什么要想找一个有名望的人教呢？

“很好，那我先谢谢你了。但是，我还没跟我女儿说请你教她钢琴的事呢。她从 6 岁起学钢琴，现在 10 岁，但是，我想她的水平有限。”我没有告诉她贝蒂是如何的讨厌，甚至仇恨钢琴。“我们先预约一节课，好吗？看她的学习情况，然后我再和你商量以后的安排。”

“没问题。”

“好吧，那么下周这个时候我带贝蒂来这里见你，好吗？”

“很好，下周见。告诉贝蒂我问她好，并盼望见到她！”

这个音乐学院的大学生，后来成了贝蒂在以色列的第一个也是最后一个钢琴老师。

把这一切安排好了之后，我告诉贝蒂，我认识了一个很好的犹太姑娘，钢琴弹得很好，希望她去跟这个老师学钢琴。

“妈妈，你不是答应过我，不再逼迫我学钢琴，难道你忘记了吗？”贝蒂的眼睛灼灼地看着我，向我发问。

现在，她在提醒我那天在飞机上对她的许诺。我当然记得我的许诺——而且永远难忘！

“听我慢慢解释，好吗？”我说，“我不是在‘逼’你学琴，我只是想为你提供一个弹钢琴的机会。克罗楼内有一架那么好的钢琴，而且倪摹看来也会是一个好老师。我只希望你去上一次课，然后你就自己做决定，以后是继续学下去，还是再不想学了，好吗？”

“但我不想再弹钢琴了……”她还是坚持她的主意。

我接着又耐心地向她解释学钢琴的重要意义，我强调我并不是要她成为钢琴家，但是，弹钢琴是一件多美好的事，可以提高音乐的水平，增加人的修养，陶冶人的情操。我小的时候，做梦都做不到这么美的事，等等。我说女孩子会弹钢琴，一辈子都会受益的。

不管我如何说，她的小脸绷得紧紧的，一言不发。

“好吧，如果你真的不想弹琴，也就罢了，但我已经与倪摹说好了上课的时间，她已经把下周末的时间留给了你，我实在不好意思推托。这样吧，你能不能就去这一次，好吗？我也好对倪摹的爸爸有个交代。”我知道贝蒂一向心地善良，不愿意做对不起别人的事。

“那，好吧。如果你能保证就让我去学这一次，我就去。”贝蒂终于松了口。

“我是说，如果你去了一次后，不想再去了，我就永远不再劝你去了。”

“好……一言为定，妈妈。”

“一言为定。”她把小手伸过来，我们小拇指交叉，紧紧地勾了一下，达成了协议。但我的心里暗暗抱着一种希望，我希望她会喜欢这个可爱的钢琴教师，并决定继续学钢琴。

第一次钢琴课的时间到了。我把贝蒂带进了钢琴房。倪摹已经在那儿一边弹琴，一边等着我们。看见贝蒂，不等我介绍，倪摹一下跑过来，亲热地搂着她的双肩，在贝蒂的脸上左右两边亲吻了一下。我则悄悄地把钢琴房的门带上，走了出去。

我在楼前的草坪上找到一处比较凉爽的地方坐下，等贝蒂的课程结束一起回家。她要上一个小时的课，我其实可以回实验室继续我的工作，但我知道自己不会有心思做任何的事了。手上握着一篇研究论文，但哪里有心思去读它。

我心里非常忐忑不安，虽然不像第一次送她去学校那样紧张，但还是有一种说不出的复杂的感情。我已经向她保证，如果她不想继续的话，今天也许是她一生中最后一次弹琴，而实际上，我是多么的希望女儿继续弹钢琴啊！

一个小时过去了，贝蒂还没有出来。又过了 10 分钟，她才从“克罗楼”里走了出来。看见了我，她飞快地跑了过来，圆脸蛋红红扑扑的，堆满了甜甜的、兴奋的笑容，跟她第一天上课后，从学校走出来的时候一模一样！好迹象！我心里不禁叫道。

贝蒂兴奋地抱着我说：“妈妈，我好喜欢这个倪摹。她总是在笑，而且笑的时候，露出一排整齐洁白的牙齿，她太漂亮了！她还什么都懂，什么都会，她的钢琴弹得是那么美，我也想能够弹得像她那么好！”

“那你下次还来上课吗？”我小心翼翼地问，我想起了我们俩的拉勾许诺。

“当然要来了。我已经与倪摹说好了，下周六上午 10 点我们在钢琴房再见！”

我心里一阵欢喜……像有千万只小鸟在我的心头唱歌一样。

从那以后，贝蒂从没有错过一节钢琴课，即使当倪摹考试或表演前不得不取消钢琴课时，贝蒂也会按时去钢琴房，一个人练习。

甚至有一天，她对我说："妈妈，真感谢你当时逼我学钢琴，你当时要是多逼我一点就好了！"

贝蒂大多数的时间都是自己去弹琴，但只要我有时间，就陪她去。我会坐在钢琴的边上，静静地欣赏着她的琴声和她那全身心投入的神情。

她很快可以弹奏很多的曲子，但是她的保留曲目，仍然是贝多芬的《致爱丽丝》，那是她最爱弹的曲子，也是我最爱听的。她每次在弹完老师规定的曲子后，都要以这个曲子结束。每当这时，我会忘却一切烦恼，心像是灌了蜂蜜一样甜润。我静静地倾听琴声的诉说，体会那美好的意境。那个时刻，我仿佛看到，我的那个粉红色的梦想，已经化成了朵朵粉红色的玫瑰花，在尽情、亮丽地绽放——它们不是开放在四季如春的温室里，也不是开放在有人精心护养的花园里，而是开放在寒冬腊月，在沙漠高原，在冰川湖水——为最需要的人绽放！

并不是每一个人都能戴上钢琴家的皇冠的，更不是每一个人都有机会在豪华的音乐会上演出。毕竟，在这个人才辈出的时代，通往音乐顶峰——或者说，通往任何顶峰的阶梯都太拥挤、太狭小了。那么，为什么非要往那个顶峰爬呢？音乐是那么的美好，它可以陶冶情操，提高修养，锻炼毅力，又可以为自己、为别人带来快乐和温情。只要贝蒂能够在学习钢琴的过程中享受到这种意境，不就已经很值得骄傲、值得欢庆吗？

虽然没有成为一名钢琴手，但热衷唱歌的贝蒂后来成为了一个在以色列学校里人人喜爱的小歌手，这与她学习钢琴有直接的关系。钢琴训练了她对声音的辨别能力和感受能力，赋予了她对音乐的了解和认识。不论是唱歌还是弹琴，都是一种音乐的表达，是一种激情的宣泄和迸发，只是用的工具不同而已。甚至，她的希伯来语说得那么地道，那么纯正，也许也是与她的听音能力有直接的关系。

每次弹琴结束的时候，贝蒂会将右手在唇上按一下，然后温柔抚摸每一个琴键，再轻轻合上黑色的钢琴盖，恋恋不舍地离开她心爱的钢琴。那动作，那眼神，和她的钢琴老师倪摹一模一样！

多年后我们在美国生活，回忆起这段经历，贝蒂深情地说道："我从一开始就喜欢倪摹。她是那么漂亮……她是我那时在以色列见到的第一个，也是最漂亮的犹太姑娘。她很聪慧，很有音乐天赋。她头发又多又长，总是开心地大笑。每次弹完琴后，她总是先吻一下她自己的手，然后再轻轻地用手触摸钢琴，像是要把爱传遍每一个琴键。那是一种发自内心的爱。我当时真的很崇拜她。那正是我企图寻找崇拜对象的年龄阶段。她那时 23 岁，我 12 岁。在 12 岁女孩的眼中，23 岁的女孩是个可以崇拜的大人。”

我被她的诉说感动了。这个 23 岁的犹太姑娘，让我钦佩，也让我感到惭愧。

“有的时候倪摹也会听我讲我的生活，比如我们班上男孩子的故事，然后循循善诱，教我如何去做。而且，她还常常听我叙述对妈妈的不满。”贝蒂一转深沉和认真的表情，对着我天真狡黠地笑了一下。

“你都跟倪摹说过我什么样的‘坏话’？你不是说我是天底下最优秀的妈妈吗？”我也开始假装揶揄她。

“我们什么都谈，但我记不得细节了。”

我记起贝蒂经常上完钢琴课后，要过一会儿才走出钢琴房。原来她在弹完了钢琴后，还要说妈妈的“坏话”，或者说女孩子心中的秘密。我以为她那时跟我是最亲的呢！好在我不用为那段她们聊天的时间付费！

“倪摹教会我热爱音乐，热爱钢琴，而不只是‘弹’钢琴。”最后，贝蒂把目光投向窗外的天空，深情地说。

今天，在一个离特拉维夫不远的小镇上，有一个音乐治疗诊所，而那个挂牌营业的人，就是当年贝蒂美丽的钢琴老师倪摹。那个当年音乐治疗系的研究生，一个对音乐充满了激情的犹太姑娘，现在已经是一个富有实际经验的专家，治愈了无数的病人。她以她那甜美的歌喉，娴熟的音乐技艺，和对生活、对音乐、对病人的爱心，不仅在以色列享有声望，而且常常被邀请到世界很多国家去巡回演出。

今天的倪摹和贝蒂，都在为需要她们的病人服务。只不过，倪摹在用美妙而神奇的音乐，而贝蒂则穿着白大褂，用她在医学院学到的知识和经验治疗疾病。虽然生活在地球的两边，她俩的人生轨迹是多么的相像啊！

而我当年那个粉红色的梦想，随着岁月的沉淀升华，在贝蒂那为抢救急诊病人而忙碌的身影中，显得更加五彩缤纷，更加抒情和优美……

罗密欧和朱丽叶：仓鼠的故事

爱动物是孩子的天性，而宠物也是孩子们天然的伴侣。在以色列，大多数家庭都有宠物，狗和猫是最多的，其次有兔子、仓鼠、金鱼甚至鲨鱼、蛇和各种昆虫，应有尽有。宠物可以是孩子最好的伴侣，同时也可以培养孩子的同情心、责任心和怜悯心。

“妈妈你是个杀手，你怎么能够杀害那些可爱的小老鼠呢？”贝蒂细长的眼睛这时候睁得圆圆的，怒视着我。

贝蒂对我愤怒是因为我对她说起我在动物房做试验的一件事。那天是周末，我去我们实验室大楼地下一层的动物房，那里面装满了有待做生物试验的各种动物。我打开了一个动物盒，把里面的几只小白鼠拿了出来，这些白鼠前几天已经被注射了激素，我现在需要把它们先杀死，然后取出脾脏放在瓶子里，碾碎后作活细胞培养去研究它们的基因改变。我经常这么做，所以也没觉得什么。

那天因为是周末，整个动物房里只有我一人，而成百个装白鼠的盒子都整齐地摆列在房子的四周，房子中间是一个可供实验操作的桌子。那天，我突然有一种奇怪的感觉，当我把一只只小白鼠杀死并取出它们的脾脏的时候，我感觉周围的那些白鼠都在愤怒地看着我，叽叽呱呱乱喊乱叫，它们像是在为同伴呼喊求救，又像是在愤怒抗议。谁知道这些天真可爱的白鼠之间，是不是有一种特殊的语言，可以互相交流呢。瞬间，我好像看到千万只白鼠就要挣脱笼子的禁锢，排山倒海向我扑来，要向我报复——我一时间真的有点心悸，快速把取到的标本收藏好，立刻离开了那儿，几乎是一路小跑回到了家，把这故事告诉了贝蒂。

本来我是想要博得贝蒂的一丝理解和同情，没想到却得到这么个结果：“妈妈，那些小老鼠多可爱啊——我真的对你好失望！”但看到我难过的样子，贝蒂还是用缓和的语气对我说。听了贝蒂的话，我心里一怔，突然明白了前几天为什么我的那两个大个子男同学要我帮他们去杀老鼠。我一向乐意帮助朋友，因为他们也经常帮助我。这时候我才突然想到，他们两个是不愿意做这个杀老鼠的刽子手！

“我这么做也是为了拯救人类，为了做科学研究，为了解决医学上还没法解释的一些问题。”我对贝蒂解释道，“杀害动物是不得已的事情。为了了解人类的疾病，最终拯救人类，我们有时候不得不用动物去做实验。因为白鼠的基因和人类的基因比较相像，所以我们必须用白鼠做实验，而且必须把它们杀死才能取出内脏。”

但是，现在想起来，白鼠确实好可爱，每次我把它们从笼子里拿出来的时候也非常不忍心，尤其是看见它们圆溜溜的眼睛在可怜地看着我——真不知当初是如何下得了手。听了我的解释，了解我现在从事的事业和这份工作对治疗癌症的重大意义，贝蒂陷入了沉思，她不再喊叫了，也不再对我发火，但是我看见她的眼睛里有一种淡淡的哀伤。也许就因为如此，她就更加喜欢老鼠了吧，然后很快把我们家变成了她宠物老鼠的房间。

贝蒂的两只小宠物的名字叫“罗密欧”和“朱丽叶”，是她自己给取的。这是一对小爱人仓鼠——所以这两个名字再恰当不过了！那时贝蒂还不满11岁，是来到以色列的第二年。

爱动物是所有孩子的天性，以色列的小女孩们就更是如此。犹太人很多人家都有宠物，狗和猫是最普遍的，也有很多家里养着其他一些少见的宠物，如仓鼠、兔子，甚至蝎子、蛇、乌龟什么的。那段时间贝蒂经常在凯蒂家玩，凯蒂的父母是从前苏联移民到以色列的犹太人，所以与当地的犹太人不一样，凯蒂也是家里的独生女。这个漂亮的小姑娘凯蒂，虽然与贝蒂同龄，但又高又苗条，要比贝蒂高出半个头。她最喜欢的动物是小仓鼠，已经有好几年的饲养经验，家里至少有十几只仓鼠。贝蒂放学后经常和她在一起玩，有时凯蒂来我们家，有时贝蒂去她的家里，两个人一起做作业、玩耍，也一起和凯蒂的仓鼠玩。

“妈妈，我也想要养小仓鼠！”贝蒂那天向我宣布，“凯蒂说等她的一对仓鼠长大了一点，就把它们送给我。”我心里一惊，但并没有表示反对，心里却希望贝蒂会随着时间忘了这件事。

终于，有一天回家，我看到贝蒂正兴奋地捧着一个白色的鞋盒子。看见我进门，她大声地呼唤着：“妈妈，快来看我的小罗密欧和朱丽叶！”

我凑近一看，鞋盒子里垫着一些纸巾，里面放着凯蒂送给她的两只小仓鼠，乳白色、短短的肥肥的身子，尾巴不是很长，全身毛茸茸的，红红的眼睛滴溜溜地旋转着，正在盒子里欢快嬉闹，据说是一公一母。“这个是小罗密欧——那个是朱丽叶！”贝蒂给我解释道。但我根本分不清老鼠的性别。显然这个小小的鞋盒子太小，太局限，不够它们互相追打、玩闹、打转。

所以自然而然地，我们要给这两只小宠物——一对小恋人“罗密欧”和“朱丽叶”安置一个舒适的“家”。贝蒂带我去了一个附近的购物中心，倒是各种各样的仓鼠笼子应有尽有，把人看得眼花缭乱。贝蒂两眼发光，想到她的小宠物就要住上这么好的房子，别提有多兴奋了。我也是第一次进这样的商店，感到非常的惊讶。但一看价钱也很可观——一个简单的鼠笼子要将近200多谢克尔，当时相当于近500元人民币，这对于我一个靠助学金过活的人来说实在不是一笔小数目，而且，花钱给仓鼠买房子，我这一辈子也没有听说过！

贝蒂看中了一个橘红色的笼子：“妈妈，我最喜欢这个！”

“是很好看，但是太贵了。让我先想想好吗？”我拿不定主意。贝蒂失望地跟着我回了家。但一到家，看见了那可爱的罗密欧和朱丽叶被局限在一个小小的盒子里，我立刻就做出了决定。我们又再次回到了购物中心，为她的两个小宝贝买下了那个精致考究的橘红色小笼子，笼子里面还有一个红色的小房子和一个深黄色的跑轮，笼子外面有一个供仓鼠喝水用的带嘴的小瓶子。这两个小东西在这个橘红色的笼子里过得非常快活，天天活蹦乱跳，好不开心。又过了好些天，他们长大了，到了交配的年龄，所以开始不停地交配。贝蒂天天盼着朱丽叶怀孕生子。果然过了不到两个星期，朱丽叶的肚子大了。

“你怎么知道朱丽叶怀孕了呢？”我好奇地问贝蒂。

“凯蒂告诉我，怀孕的仓鼠身上的毛会变得特别亮也特别好看。”贝蒂回答道。从此，贝蒂天天更加精心地为仓鼠们喂水喂食，盼着朱丽叶生小宝宝的那一天早日到来。

但是，那天一大早，贝蒂突然跑到我的卧室，一脸的惊恐：“妈妈怎么办哪，我的小朱丽叶找不到了！它就要当妈妈了，可它在哪里呢？”她着急地认真想了一下，接着说：“一定是我昨晚看电视时打开了笼盖，她悄悄地溜出去了。然后我看完电视太困了，没有注意检查她在不在笼子里。现在怎么办呢？我已经到处找过了也没发现它在哪里。”

于是我和贝蒂分头去寻找，翻遍了家里的大箱小柜、每一个角落，我们俩几次钻到床底下去找，最后是在一间平时不用的小屋里找到了朱丽叶，它挺着大大的肚子，身体已经有点僵硬了，想必早已死去。贝蒂一看到朱丽叶的尸体就难过极了，倒在我床上大声地哭泣起来，见她那么伤心，我也差点落下泪来。哭了一会儿后，她立即给凯蒂打电话，在电话中说着说着她又伤心地哭了起来。凯蒂安慰她了一番，然后欣然同意再给她一只小母仓鼠，贝蒂这才感觉好了一些。那天晚上凯蒂又接连来了好几个电话，不断地安慰她，直到她真的不再那么伤心了。两个不到11岁的小朋友真诚的对话让我好感动。

第二天凯蒂真的送来了一只小仓鼠，取代那个死去的朱丽叶——它也是毛茸茸、胖乎乎的，很可爱的样子。

又过了几天，贝蒂兴奋地告诉我：“我想我的小朱丽叶已经怀孕了！”又过了几天，这个朱丽叶已是大腹便便、行动困难了。直到有一天临睡前，贝蒂兴奋地对我说：“我想我的朱丽叶今晚就会生小宝宝。”

“你怎么会知道的这么准确呢？”我好奇地问。

“因为她拒绝让罗密欧进小屋子。凯蒂告诉我说在母鼠要生产的时候，她就不让公鼠进屋子。”果然，我看见罗密欧乖乖地在小红屋外面的草堆上睡觉。

第二天，贝蒂早早地就起了床。我听见她在厅里大声地唤我：“妈妈，快来看哪，朱丽叶生小宝宝了！”我赶紧跑了出来——眼前是一幕感人的场面：贝蒂坐在沙发上，怀里抱着那个足有她半人高的鼠笼，笼子里的朱丽叶在草丛中悠闲自在地散步，带着一种自豪的神情。透过小小的门框，我看见笼中的小红房子里躺着好多个粉红色透明皮肤的小仓鼠！认真地一数，有8个小宝宝！贝蒂兴奋地满脸通红，深情地望着此时被她视为英雄的鼠妈妈朱丽叶，嘴里喃喃地说："我真的好为你骄傲，好为你骄傲！"

我在心里想，要是在珠海的外婆看见如此情景，不知会做何感慨。外婆一生都在为消灭老鼠而奋斗。记得我们家四处漏风的房子里总是老鼠泛滥。所有的食品都要小心地储存，包裹严密，否则全都成了老鼠的食粮。但不论怎样地小心，那些可恶的老鼠总能想办法找到食物并把所有的包装袋咬得百孔千疮。那时家里生活得非常紧张，每一粒米都是很金贵的，所以可想而知外婆是多么心疼那被老鼠吃掉的粮食，是多么痛恨那些可恶的老鼠。各种各样的杀老鼠药都曾尝试过，但从不见效。现在，贝蒂却把老鼠当作宝贝和宠物供着，外婆会做何感想呢？

但是，很快的，一件很不幸的事情发生了。凯蒂曾经警告过贝蒂，有的时候小仓鼠会吃自己的孩子，贝蒂开始绝对不相信——谁会相信妈妈会吃自己的孩子呢？哪怕它们再饥饿！但是，贝蒂因此还是非常的小心，每天都保证这对罗密欧和朱丽叶有充足的食物和水。但她的努力没有能够阻止这些动物的天性。那天我回到家，见她的眼睛红红肿肿的："我的一只小仓鼠被它的父母吃掉了！"话还没有说完她就"哇"地一声哭了起来。

"你怎么知道它们吃了自己的孩子呢？"我问。

"我天天在给它们数数，今天一早我发现就剩下7只仓鼠了，而且，你看，那儿有只小仓鼠的爪子！"

从那一天开始，贝蒂就常常伤心地坐在鼠笼子的前面，看着里面正在玩耍的仓鼠，想着这件叫她不敢相信的事。那些天来的欣喜，已经一扫而光了。我不忍心看着女儿如此悲伤下去，于是请教了我的朋友萨拉，她是我的同事、朋友，也成了我在以色列的心理咨询专家。萨拉提出了一个很好的建议。当我告诉贝蒂这个主意时，她也默默接受了。

于是在一个阴郁的黄昏，我们提着这个大大的鼠笼子，走过了一条又一条街道，走了好远好远，来到了一片空旷的原野上。贝蒂把鼠笼子放在地上，打开了笼子的门，9只仓鼠一个个争先恐后地奔跑了出去——一下子就无影无踪了。贝蒂望着它们奔跑的方向，默默地向它们告别。贝蒂以为这些仓鼠会在野外快乐地生存，但多年后才知道，它们很可能会迅速自然死亡，而且，在野外放生宠物是一种不恰当的行为。

我看到贝蒂的眼里噙满了泪水，我深深懂得，那是一种强烈的爱和恨交织的泪水。从那天开始，贝蒂好像成熟了许多。

生活是最生动的教材。她开始懂得了，人间有善也有恶。

和犹太小朋友一起过普睿节

如果你在以色列住上一年，你就会知道以色列的节日非常多，人们似乎生活在一个接着一个的节假日中。从秋季的新年和赎罪日、冬季的哈努卡节、春季的逾越节和独立日，到夏季的七七节，一年的生活就是环绕着这些具有特殊纪念意义的节日向前推进的。贝蒂如此喜欢以色列，也许与它拥有众多的节日分不开吧。

在以色列众多的节日中，孩子们最喜欢的恐怕要属普睿节。普睿节是从“Purium”音译成中文的。从节日庆祝的形式来说，这实际上是个十足的“化装节”。普睿，意思为“抽签”。据说，一个恶官因痛恨曾得罪过他的一个犹太人，而以抽签方式，确定了一个杀害所有犹太人的日子。一个做了王后的犹太女子通过周旋，处死了那个恶官，并挽救了犹太人，于是以此立日纪念。

节日期间，剧院通常上演有关这一故事的剧目。以色列人，主要是儿童，还戴上故事中的人物的面具去参加晚会，因此这个节也就被人称为化装节。晚会上，人们通常吃一种特殊的三角形甜饼，象征恶官的耳朵或帽子。

为了这个节日，贝蒂和她的朋友们，早就激动地筹划了好多天，并且改变了几次主意，最终才决定装扮成一个小娃娃。她将和她的朋友瑞丝穿着一样的衣服，成为小娃娃姐妹。她的朋友凯蒂将和她另一个朋友装扮成小猫姐妹。

准备了许多天之后，这一天终于来到了。

早上8点刚过，瑞丝就来到我们家。贝蒂穿着一套蓝底小熊猫图案的宽松睡衣，和一双熊猫形状的家居大毛头鞋。平时长长飘逸的黑发编成几根小辫，高高地扎在脑袋两边。前胸戴着一个小小的粉红色围兜，脖子上挂着一个足有两寸长的大大肥肥的奶嘴。她怀里抱着一个大熊猫，一手拿着一大块巧克力糖果，一手拿着一大根圆形彩色的棒棒糖。脸上用黑色眉笔点上许多大圆点雀斑，配上她那杏仁形的脸蛋，十足可爱而又滑稽。瑞丝几乎是同样的打扮，她那自然卷曲的长发蓬松地披在肩上，也穿着一套有无数小熊猫图案的宽松睡衣，只不过睡衣底色是红色而不是蓝色，这样她们站在一起恰似一对姐妹娃娃。

那天我也戴了一个很短的假发套。一贯是长发的我，突然一头又短又卷曲的头发出现在实验室，惹得同事们七言八舌地议论了一番，有的说我显得更年轻好看，有的说一点都不如原先的长发好。总而言之很有趣。最后，看我在抿嘴直笑，他们才恍然大悟："原来今天是普睿节！"

普睿节有点像美国的"愚人节"，尽管关于节日的故事和意义不同。

出于好奇，我计划那天去贝蒂的学校，去看看以色列的犹太孩子们在这特殊的普睿节的怪相打扮。但因为做实验耽误了一些时间，所以我在去学校的路上就看见穿着五彩缤纷、奇形怪状的中小学生们，三三两两兴奋地往家走。我到卡奇欧中学时，贝蒂所在的班正好在小小的礼堂里举办庆祝活动。

这是一个能容纳几百个人的小音乐厅。巨大的屏幕上，放映着卡拉 OK 似的画面。一个接着一个穿着奇特的中学生上台大方地唱歌演出。在他们演出的时候，台下坐着的学生也全都站起来同跳同唱，有的干脆就在原座位上扭了起来。全场气氛热烈而有序。

我找了一个最后边正好空着的位子坐了下来，默默地欣赏着这欢庆的场面，也趁着光线较亮时，悄悄观察周围孩子们的装扮。一个浓眉大眼，同样爱唱歌的男孩，装扮成一个红色长裙垂地的女孩，前胸高高地耸起。我知道他是个男孩子，要不是他有一次来我家与贝蒂一起唱歌，还真是真假难辨。一个高个儿的白净秀丽的女孩，身披白绒袍，头上插着一个缀满了白羽毛的铁圈，像一个雍容华贵的妇人。一个清瘦的女孩戴着墨镜和牛仔帽，一身牛仔服，嘴上还叼着一根"香烟"。

孩子们还装扮成各种动物：猫、狗、熊、松鼠、大象、老虎、梅花鹿……无所不有，他们身披动物皮，或穿着动物衣服，脸上依不同的动物特征画上油彩，还真的活灵活现。这些十几岁的中学生们，正处在从孩童到成人的过渡阶段，有些早熟的女孩子骄傲地上身只穿着小小的时髦紧身背心，下身是超短裙或紧身裤，少女可爱的曲线暴露无遗，浑身上下散发着青春的魅力。

我看见我那装扮成小娃娃的贝蒂，与她所有的犹太同学们一样，在气氛正浓时，起身与台上表演的人同声歌唱。老师们也与他们的学生们一样，戴着滑稽的帽子，穿着鲜艳的衣服，有的还梳了许多小辫，脸上涂了各种色彩。

这真是一个欢乐喜庆的日子！

帐篷节也是孩子们最喜欢过的节日之一。第一个帐篷节是在3500年前，当以色列儿童离开埃及，在旷野中游荡时，搭了站不住脚的临时帐篷来暂住。帐篷节是为了纪念那段艰难但又快乐的时日，且作为每年的最后一个节日，也象征着秋天来临。以色列其他的节日，特别是新年和忏悔节，都有些宗教特征，但帐篷节象征着收获。每一个帐篷都会用水果、茅草、柱子和植物装点。

如果你在以色列住上一年，你就会知道以色列的节日非常多，一年的生活就是围绕着这些具有特殊纪念意义的节日向前推进的。

12 岁的成年礼

生命的全程都是璀璨和美好的，但依犹太教传统，12 岁生日在女孩子的一生中是最重要的——它是从儿童到成年的转折点。贝蒂在异国他乡被犹太小朋友的友情拥抱着，在鲜花和音乐中度过 12 岁生日的温馨记忆将伴随她的一生。

2000 年 3 月 22 日，贝蒂在以色列迎来了她 12 岁的生日。

“妈妈，不要忘了下周末是我 12 岁的生日。”晚饭时贝蒂提醒我，生怕我忘记了她的生日。但是，我怎么可能忘记这个对女儿的成长如此重要的日子呢？在国内，也许 12 岁这个生日与其他的生日没有多少不同，但在以色列就不一样了。

那天我认真地看了看贝蒂，虽然才 12 岁，她已经有了少女的雏形，紧身的 T 恤裹着她那微微凸起的前胸，充满了自信；两年前齐耳的短发现在已经齐肩长，油亮乌黑地披在脑后；淡蓝色的牛仔裤紧紧地包着她的双臀和双腿。除了她那无法改变的东方女孩的容颜外，从头到脚的穿着打扮，都和她的犹太朋友们一模一样。

“你想要怎么过生日呢？”我问。

“我想和我所有的朋友一样，有一个很大的派对，有音乐，可以跳舞，我想请所有的同学都来。”

“全班人？有多少？”

“有 30 多个人吧。”

“这么多？”我意识到我们家里是容纳不下的。

“除此之外，我还想要在家里办一个小点的晚会，只邀请全班女生参加，不允许有男生来。”

我答应尽量按她的要求去做。犹太孩子的成长中有一个重要的里程碑——男孩的13岁和女孩的12岁。根据以色列传统，男孩13岁以后就应对自己的行为负责，而女孩是12岁。这两个生日可以说是人一生中最重大的日子。对许多人来说，其重要性和庆祝规模不亚于一场婚礼，对一些富裕的家庭来说，甚至比婚礼更隆重。从那一天起男孩和女孩就算“成人”了，就有权利去选择参与宗教活动了。在此之前，他们一切都要听从父母的安排。许多与犹太教相关的宗教仪式也会在这一天举行。在犹太习俗中，成年礼是庆祝一个人从青少年步入成年人行列的庆典礼仪活动。

在希伯来语中，成年礼使用的词是“Bat Mitzvah”，直译为“诫命之子”，其真正的含义是“大到能够承担诫命的年龄”。根据犹太文化传统，犹太男子年满13周岁后就必须遵守犹太教的613条诫命，据此，亦有人将其称为“受诫礼”。典礼之后，该男孩便被当做成人看待，可以加入成年教徒行列。犹太教规定，必须有至少10名成年男子才能自行组成教会，举行公共祈祷活动。

男子成年礼的庆祝仪式一般安排在受礼人满13周岁后的某个安息日在犹太会堂内举行。成年礼并不像许多其他民族的类似活动，如在某一个场所举行成年宣誓仪式，而是一个受礼人系统接受犹太教教育的过程。受礼人要在庆典前相当长的时间（通常至少1~2年）内为此作各项准备，每周定期进行犹太文化方面的学习，包括对《圣经》的研读、对诫命的了解和准备讲演。

由于犹太人父母负有教育子女、把孩子领入对《托拉》（犹太希伯来文经卷中最为重要的经书）的学习、将犹太传统传给下一代的义务，因此，成年礼对受礼人的父母也很有意义，它的举行意味着受礼人的父母完成了对子女应尽的教育义务，完成了对犹太民族的一项义务，同时还是犹太社团对受礼人父母实现了自己对犹太民族的承诺（要教育子女）的一种确认，是父母可以引以为荣的一次庆典活动。

这样，成年礼成为犹太人家庭生活中的一件大事，像婚礼一样受到重视。事先要向所有亲朋好友发出正式邀请。庆祝仪式后还要设宴款待亲友。所有客人都会在这时向受礼人赠送礼物，以示最美好的祝愿。

历史上，成年礼只为男孩举行，因为根据犹太教传统，宗教的义务主要由男子承担。随着男女平等思想的普及和深入，除极端正统派外，其他犹太教派的会堂都开始为年满 12 周岁的犹太女子举行成年礼仪式。在美国的许多犹太人也都遵循这一传统，孩子在举行仪式前，要接受系统的犹太文化教育。

贝蒂在以色列生活的阶段，正是她同龄的男孩和女孩相继成长到这个关键年龄的时期。因此，她经常被邀请去参加这些仪式。

虽然我们不是犹太人，不需要有任何宗教仪式，也不需要去犹太教堂，但为了庆贺贝蒂 12 岁的生日，我也像其他家长一样，给她准备了一个大型晚会，因为 12 岁是如此的特别。

正式的生日晚会之前，我们先在家里举行了一个饺子晚会。以色列女孩不吃猪肉，所以我去市场买了很多鸡肉。贝蒂套上一个小围裙，又和面，又做馅儿，活像一个小主妇。女孩们陆陆续续来了，每个人都捧了一大堆礼物，有的是一个笔记本，有的是一个小花瓶，还有一些我不知道的女孩子的小东西。女孩们叽叽喳喳，开心得要命。还好，我只管买菜，剩下的事情她自己去搞定。我就在房间里看书就好。

人都说“三个女人一台戏”，这 9 个女孩更是把家里闹翻了天。贝蒂又管包饺子又管蒸蛋糕，像个小指挥官一样指挥所有的人，张罗所有吃饭的琐事。对这些孩子来说，包饺子实在是太新奇了，她们理所当然地服从着贝蒂的指令。我看见餐桌上她们包的饺子真可谓是五花八门，盘子里有圆的、扁的、长的，有的很大，有的很小，有完整的，也有已经破裂了的，不管怎样它们都被送进了沸腾的水中。最后，盛出了一锅菜团和一堆面疙瘩。饺子餐后，我用我那廉价的小相机，照了一张珍贵的照片，9 个如花似玉的少女发自心底地欢笑着，中间簇拥着的那个开怀大笑的东方女孩就是贝蒂。

前一晚的饺子晚会意犹未尽，第二天是正式的生日晚会。

我租了魏茨曼研究所旁边一个小学校的教室来开晚会。那时候，我刚买了车。在好友倩的伴随下，我们一起去市场购物，然后早早地把教室装饰好。我在桌子上铺了一块大大的红色塑料布，放上水果、零食和蛋糕，倒也琳琅满目，漂漂亮亮。桌子中间一个巨大的巧克力蛋糕上插有12支蜡烛，很有生日气氛。像这样的派对，一般并不需要正餐，孩子们只是需要一些零食而已，最主要的是可以在一起欢聚玩乐，所以气氛要比食物重要得多。但贝蒂觉得音乐和舞蹈是最重要的。

于是我花了整整半个月的奖学金，请了一个DJ。

贝蒂全班同学都来了，还真有将近30个人。我请的DJ非常出色，歌曲一首接着一首，男孩女孩们都随着音乐的节奏欢乐起舞。霓虹灯一闪一闪的，或红或黄或紫，印在这些青春少年欢乐的脸庞上。这些孩子是那么自然，那么欢快，那么活泼。

这时贝蒂已经能说一口流利的希伯来语，除了一头长长的黑色直发之外，她与其他以色列孩子没有两样。

这些犹太孩子们，只要有音乐就能翩翩起舞，不管场合、伙伴、衣着或观众，都能旁若无人地舞起来。并非所有人都是优秀的舞者，但都是欢乐的舞者。在我多年的以色列生活中，这些舞蹈的身影是随处可见的。记得有一次，我们全实验室的人在聚餐，大家都是二三十岁左右的博士、博士后，有些已经做了父亲、母亲。晚餐结束后，音乐响起，大家都开始随着音乐扭动，最后地上的空间没有了，大家索性就爬到了饭桌上唱歌跳舞，大声欢笑。我站在一边，无论如何都没有勇气加入他们。我在心里想，他们活得多么自在，多么无拘无束啊！相比之下，我们的一举一动、一言一行，总是那么拘谨，怕自己舞姿不美被人笑话。

看着这些欢蹦乱跳的12岁的犹太孩子们，我想，犹太人的性格如此的外向、开朗、热情，也许就是从儿时养成的吧！

我和我的好友倩和奥娜站在一边，默默欣赏着这些欢乐的孩子们，但是我的眼光总是不停地瞟向贝蒂。昏暗的灯光下，孩子们先是独舞，然后群舞。另一首音乐响起时，孩子们又围成一个圈继续跳。

然后，我看见灯光暗了下来，音乐变得柔软、抒情、缠绵。15个男孩和15个女孩，一男一女开始配对，双手搭在对方的肩上。这个年龄的女孩子发育得比男孩早，所以比男孩子高出半个头左右。他们轻轻地搂着对方，互相凝视着，在音乐下扭动着身体，在场地里缓缓地移动。在那一瞬间我明白了，是不是“Party”的中文翻译“派对”，就是一对对跳舞的意思——翻译得再确切不过了！

我看见与贝蒂“派对”的小伙伴比她足足矮半个头，是一个大眼睛的小男孩，有着瘦削、精致的脸庞，后来才听说他是班里最英俊的男孩。我心里“咯噔”了一下，难道贝蒂和他有什么特殊关系吗？

不过我竭力不让自己在这样的场合去担忧。让我们尽情地享受今天吧！

这些欢乐的孩子们没有忘了站在一旁的我和倩，他们轮流地跑过来与我们拥抱，或远远地送来一个热吻。

渐渐地，那忽闪忽闪、或明或暗的霓虹灯把我带入了另一个熟悉的场面：一盏小小的煤油灯下，母亲正在做针线——她在为12岁的我做胸罩。那时我的前胸已经发育，因为买不起胸罩，母亲就用一些她做衣服剩下的碎布头给我做。比了又比，量了又量，母亲终于做好了能够正好托住我正在发育的胸脯的胸罩。一阵阵的冷风从用报纸糊着的窗户中吹进来，轻轻地摇曳着微弱的灯芯，昏黄的灯光照耀着那个破旧的小茅屋。

但是，我恨母亲给我做的胸罩不够紧身——我趁母亲不注意，把胸罩的扣子往里钉，我要把那可恶的、象征着女性发育标志的东西，挤得又扁又平。晚饭的时候，随着胸脯的一起一伏，一颗颗被我钉得死死的纽扣，不争气地被挣断，我听见那“啪啪”的响声。记得那时曾经看过一个电影，电影的女主角也是用长长的布条，像是裹小脚一样的，试图把她那正在发育的前胸裹得平平的，像男孩子一样。多么畸形的心理！

眼前的贝蒂和犹太女孩们，和我们这些被压抑的一代，多么不一样啊。她们个个身着紧身T恤，高高地、骄傲地挺起那正在发育的、象征女性美好的前胸！

我看到贝蒂和她的小伙伴们快乐的笑脸，在音乐和歌舞的海洋里荡漾，我祈祷他们永远那么自信、乐观，生活充满音乐和欢笑！

当我正沉浸在过去和现实交替的遐想中，只见贝蒂蹦蹦跳跳地跑到我身边，对着我的耳朵说：“妈妈，谢谢你为我办的这个生日聚会——谢谢你把我带到以色列！”

成为“筷子”歌星

2000年以色列布拉姆节目中出现了一位中国小姑娘，因此主持人的台词中出现了“你好”“筷子”“中国食物”等话题，这无疑增加了所有欣赏和尊重中国文化的犹太人对中国的向往和了解。

这个中国小姑娘就是贝蒂。刚满12岁的贝蒂成了一个知名的“筷子”歌手，她用甜美的歌声和对音乐的热忱，谱写了一曲中以友谊的颂歌！

以色列每年暑假期间都会举办一次布拉姆（Bravo）节目，希伯来语的意思是“大家一起鼓掌”，实际上是一种少儿音乐、体育才能表演大奖赛，表演场地在靠近特拉维夫的一个豪华漂亮的音乐厅里，每年的演出都是座位爆满，最终决赛演出的实况在以色列电视台黄金时段播放，是一年一度最受孩子钟爱、成人喜欢的电视节目之一。

在2000年参加以色列布拉姆表演赛的孩子中，空前地出现了一个刚满12岁的中国女孩，这也是犹太民族接受、包容外来人，和他们一贯热情豁达的象征。这个女孩用英文演唱的《泰坦尼克号》主题曲《我心永远》，赢得了热烈的赞誉，感动了无数的观众。

这个女孩就是我女儿贝蒂。

贝蒂之所以能在以色列参赛，首先要归功于她的老师努瑞特。

“你好！你是靖——贝蒂的妈妈吗？”在一个普通的繁忙的下午，我收到一个意外的电话，“我的名字是努瑞特，我是贝蒂的老师。”

“我是靖。啊，你好，努瑞特！”我回答道，一听是贝蒂的老师，我有一点紧张，以为贝蒂做了什么错事，老师告状来了！

“贝蒂拥有一副美妙的歌喉，我们都太喜欢听她唱歌了。我想你应该带她去参加布拉姆的比赛。”努瑞特真诚地说。

“谢谢你夸奖贝蒂的歌喉！但是，什么是布拉姆？”我问。

努瑞特在电话里简单地介绍了“布拉姆”这个节目。实际上，布拉姆是以色列一个家喻户晓的节目，就好似这些年国内的“中国好声音”。

那时，我是一个整日埋头在实验室工作的博士研究生，我对那个在以色列家喻户晓的布拉姆节目一无所知。放下电话，通过多方打听，我终于明白了布拉姆节目的来龙去脉，并找到了我所需要的电话号码。但这是一个以色列最高水平的少儿音乐比赛，是千万人都想参加的节目，如何才能使我的女儿——一个中国女孩有资格去参加呢？

但我决定试一试。当时正值布拉姆节目应试候选人，我打电话自告奋勇地说：“我叫鲍靖，是在魏茨曼科学研究院的中国留学生。我有个女儿，叫贝蒂，她12岁。她非常爱唱歌，她的歌声动听极了。老师和学生都认为她唱歌唱得很好，我想问问她是否有资格去参加应试。”

他们当即热情地邀请我带贝蒂去特拉维夫面试。后来我才知道报名参加这次比赛的孩子非常多，只有极少数的孩子才能有幸被安排前去参加面试。也许这也是贝蒂是外国人的缘故吧。

贝蒂从小爱唱歌，她的嗓子是那样甜美，那样清脆，充满了儿童的稚嫩，也带有成熟女人的磁性。

最初时，她最爱唱的是那首瑞奇·尼尔森的《你是我的太阳》。就像歌词里所说的一样，她的歌声总是像温暖的阳光，又像一股清清的泉水、一缕柔柔的暖风，赶走我一天的疲劳：

你是我的太阳
你是我的阳光
我心中的太阳

我唯一的阳光
当天空是灰色的
你让我快乐
你永远不会知道
我是多么爱你
所以，请不要带走我的阳光

每当我们在一起时，她总是不停地唱。深知她的歌声对我有慰藉的能力，有时候，她看见我过度疲劳，或者心情郁闷的时候，也会主动唱歌给我听。“妈妈，我给你唱支歌吧。”她常常对我这样说。我敢说，世界上没有哪一种灵丹妙药能够像贝蒂的歌声那样具有迷人的魅力！

她在以色列时的梦想是做个歌星。在她不大的房间里，墙上到处都贴满了以色列和美国歌星的大幅海报，还有从杂志、画报上剪下来的照片。这些歌星的照片填满了房间的各个角落。那时候，她把从我这领到的零花钱全部都拿去买了光盘，书架上放满了许多歌手的专辑。当时她最爱唱的歌有好几首——《我在这里等你》《我是一个大女孩》《当你相信的时候》，等等。

记得一天，我的朋友丹妮请我们吃饭，她和她女儿在家里给我们做了一桌丰盛地道的以色列晚餐，我们四个人围坐在一张小小的方桌上。听我说起贝蒂会唱歌，丹妮的女儿，一个刚刚服完兵役的大学生，高兴地问：“我最爱听歌了——给我们唱一首听听好吗？”贝蒂赶紧把口中的食物咽了下去，清了清嗓子，坐在那儿就声情并茂地唱了起来。小小的客厅充满了贝蒂甜美的歌声，大家都放下了刀叉，聚精会神地听她唱歌。她那晚唱的是玛丽亚•凯莉的《只要你相信》。

当贝蒂最后拖了很长的尾音结束时，我看见丹妮的女儿在轻轻地擦拭着眼泪，这个22岁的女孩激动地说：“贝蒂的声音太美了，就和大歌星玛丽亚•凯莉的声音一模一样！我从来没有在现实生活中听过这么好听的声音，我实在是太高兴了。”

《只要你相信》也是贝蒂最喜欢的一首歌，不仅曲调优美，歌词的意义也成为她生活的动力，它象征着爱，象征着信心。这首歌是电影《埃及王子》的主题曲，唱起来难度非常高，但是贝蒂把握得很到位。

可能是天生的吧，贝蒂对歌曲有一种特别的喜爱，而且对歌词也有惊人的记忆力，所有听过的歌曲都不会忘记。她在国内就喜欢唱歌，是珠海香华小学合唱团的主力歌手。她往往会跟着录音机播放的歌曲唱，练习一两遍之后，就能准确地吟唱出来，几乎一点都不走音。

来以色列后，她开始学唱英语和希伯来语歌曲，《埃及王子》中几个主要的歌曲她都非常熟练，而且也非常热爱，她喜欢曲调的优美，也追寻歌词的意义。渐渐地，通过唱歌，她也就学会了语言，可以说，她现在一口流利的英语和希伯来语部分得益于这些歌曲。唱歌也让她认识了人生，增长了见识，也使她进一步融入了这个国家和人民的生活。

在斯宾扎克小学，她那甜美的歌声很快获得了小朋友和教师们的喜爱，传遍了全班、全校。在小学的毕业晚会上，班主任老师努瑞特让她当了领唱和独唱。起初，贝蒂参加了学校的合唱团，音乐老师发现她的歌声那么美，就提拔她成了领唱，也安排她独唱。小伙伴的派对上也少不了她甜美的歌声。她的音乐教师和班主任老师还经常对她说："你唱得非常好，应该去电视台试试。"遗憾的是，在以色列很少能接触到中国的歌曲，也没有中文的专辑，所以她那时唱的歌都是英文或者是希伯来语歌曲。

为了这个布拉姆节目的面试，贝蒂激动地准备了好多天，一放学回家她就练习唱歌。我有一个小小的录像机，每当她练习完一首歌，我就为她录像。而她练习的舞台就是我们客厅通往阳台的门前，有时她也会把我的大床当舞台，光着脚在上面表演唱歌。那段时间，我们那简朴的家里充溢着无尽的歌声和笑声！

布拉姆节目面试的那天，一个周末的下午，在特拉维夫的一个中心地带，我们被领进了一个像是电影院，又像是体育场的地方，中间是一个表演场地，四周是 360 度阶梯式的观光台。

贝蒂站在表演场地的中间，我和四个布拉姆节目的负责人都坐在看台上，专注地听着贝蒂的演唱。有一个高高悬起的摄像机，可以根据需要，高低上下地移动，为表演者录像。

那天贝蒂唱了三首流行歌曲——《我就在此等候你》《我是一个大女孩》《只

要你相信》。

布拉姆节目的总导演伊卡，40 岁左右，高高的个子，长得非常英俊潇洒。三首歌曲演唱完后，他激动地搂着贝蒂对我说：“你有一个很有音乐天赋的女儿。”然后，在我们离开前，他又再三叮嘱贝蒂：“你很有唱歌天赋，不管这次你能否录取，我希望在你的一生中千万不要停止唱歌。”

回家的火车上，贝蒂圆圆的脸蛋堆满了兴奋和紧张的情绪。她一次又一次地问我：“妈妈，你认为他们会选择我吗？”

“我想他们会的。但是，毕竟有音乐才能的人太多，如果落选的话，你也要做好思想准备。人生的意义并不在于你是否能成功，而在于你的努力和参与。”我对贝蒂说。尽管我当时并不知道结果如何，但第六感告诉我，伊卡他们真的欣赏贝蒂的歌喉！但我有点担心贝蒂如不能录取，会受到很大的打击。世界上每一个做母亲的，都会尽一切努力，最大限度减少女儿生活中所遭受的挫折。但是，现在，望着贝蒂充满了期望的眼睛，我还能做什么呢？除了耐心地等待外，我只能在心里真诚地期望着。

两周后，我接到了一个电话，是布拉姆节目的总导演伊卡打来的：“祝贺你！贝蒂被选中参加布拉姆的决赛！下周你再带她来参加排练！”

我的心里掠过一阵欢喜和激动！

“不过，”伊卡接着又坦率地对我说，“我们虽然最终选中了贝蒂，但有些担心。贝蒂虽有一副美妙的歌喉，但毕竟缺乏舞台表演的经验。其他所有参赛的孩子都有过很多舞台表演的经验。”原来，伊卡是担心贝蒂是否能在几千人的演唱厅里自如地演出，担心她到时是否会怯场。他们的担心是非常有根据的——他们曾经就碰到过这样的情况。毕竟贝蒂只是一个 12 岁非专业的歌手，又从未经历过在大型舞台上表演的场面。

我也一时沉默了，不知该如何回答。

“所以，我们要认真地给贝蒂排练，每周末都要练习唱歌，争取把她推上有千人观赏的正式表演舞台。”伊卡继续说着。

“当然，我也一定全力以赴，按你们的要求送她去排练！”我一口承诺。

我让同事帮我完成剩下的实验，一路小跑着回到了家。我没有给她打电话。

我不想把这个她天天期盼的好消息从电话里告诉她，我要亲自与女儿分享这种巨大的快乐！

到家的时候，贝蒂正在做家庭作业。我强压住心中的喜悦，对她说："伊卡来电话了！"

"他说什么了？"贝蒂紧张地又急不可待地问。

"他说——"我故意拉长了声音，"他说你被录取了！"

"我就知道我会被录取！我就知道他们喜欢我的歌声！"贝蒂大声地欢呼着，又激动又兴奋。因为人人皆知，只有真正杰出的孩子才会被布拉姆选中演出，而她，一个在以色列的中国孩子，而且几乎从未真正地上过舞台独唱表演！

那晚，我们母女俩搂在一起，为这个巨大的喜讯而欢呼雀跃！贝蒂真的是太兴奋了，她就要实现在电视上对全以色列的观众唱歌的梦想了！

在为贝蒂选择她最终参加决赛的歌曲的时候，布拉姆节目的负责人让她试唱了一首又一首歌，但都拿不定主意。然后，两个主管声乐的人谈起了前天晚上的电视节目，是关于著名女歌星席琳•狄翁的演唱会。立刻，他们齐声说：让贝蒂试试电影《泰坦尼克号》的主题曲，著名女歌星席琳•狄翁的《我心永远》。

实际上，这首歌是贝蒂最最喜欢的歌曲之一。当她试唱完后，三位主持人立刻拍板决定让她在决赛中唱这首歌。伊卡说他们已经物色了好几年，可惜一直没发现一个能唱这首高难度歌曲的女孩。现在，终于找到了适合唱这首歌的贝蒂！

随后的几个月里，贝蒂接受了多次的专业训练。每当训练课时，我都会丢下一切工作，开车送她去接受培训的地方。我决心尽我所能来帮助她完成她的梦想。最后贝蒂终于成功地面对数千观众演唱了这首家喻户晓的高难度歌曲，使小小年纪的她在异国舞台上有机会去展现自己的才能。

2000 年 7 月 25 日是贝蒂终身难忘的日子。布拉姆节目决赛在离特拉维夫很近的一个叫亚德•爱丽亚湖的地方举行，那是一个富丽堂皇的欧式音乐厅。比赛晚会的主持人是一个丰盈漂亮的犹太姑娘，长发披肩，穿着时髦的白色落地长裙。女主持人向大家介绍道："大家晚上好，感谢你们前来参加这次精彩的布拉姆歌唱比赛。这场比赛由非常具有音乐天赋的孩子们表演。下面我来介绍今天晚上第五个参赛者，她是来自中国的贝蒂。因为她是我们这场演出中唯一的中国人，而大家知道中国人是用筷子吃饭的，那我今天就称呼她为‘筷子’好了。现在，让我们用热烈的掌声欢迎我们今晚的筷子歌星。”

在一片热烈的掌声中，贝蒂穿着紧身的黑色短裙上场。

主持人走向贝蒂，亲切地搂着她的肩膀，用希伯来语问她：“你是中国人吗？你叫什么名字？”

贝蒂不假思索地用希伯来语回答：“我当然是中国人啦。我叫贝蒂•鲍。”

“那么你从前住在哪里？”

“我以前住在中国，但是现在我的家在雷霍沃特。”

“那你怎么会来到这的呢？”主持人问。

“两年前我妈妈把我带到以色列来的。”

“你妈妈现在在哪里呢？”

“我妈妈在以色列的魏茨曼研究院读博士。”

“你平时都喜欢做什么呢？”

“我最喜欢看电视、听音乐，当然啦，我更喜欢唱歌。”

“你喜欢这儿的学校么？”

“我太喜欢啦！”

“你为什么喜欢这儿呢？”

“这儿学校的功课比中国的容易多了！”随着贝蒂的回答，台下响起一片笑声。“而且人人都比较友善、热情。”贝蒂接着说道。

“作为这儿学校唯一的一个中国孩子，你的感觉如何？”主持人接着问。

“很好啊，我长得跟谁都不一样，所以觉得自己很特殊，也因此总会受到特殊的对待。”贝蒂耸了耸肩膀，“但是他们有的时候也开中国人的玩笑，我不是很喜欢。”台下又笑了起来。

这时背景屏幕上出现了事先录好的一个视频：贝蒂穿着游泳衣，在一个很大的游泳池里独自玩水，周围绿树环绕。从远方传来一个人的声音，在用希伯来语叫贝蒂的名字。这时贝蒂把头转向镜头：“沙龙（希伯来语的‘你好’）。”

“你在中国的名字也叫贝蒂么？”远方的那个声音问她。

“当然不是啦，在中国没人叫我贝蒂。”

“那你在中国的时候叫什么名字呢？”

“我叫——算了吧，我教你你也学不会。”

“告诉我吧，告诉我吧，我想知道——”

“我叫‘春鲍’。”

“村……村？”那个人学了几次，但怎么发音都不像。

贝蒂又哈哈大笑了：“算了吧，你就别想学说我的中文名字了——你学也学不会。”

“好吧，那算了。我不学了。你什么时候来以色列的？”

“我来以色列两年了。”

“在中国你学过希伯来语么？”

“当然没有啦，我来到以色列后才学会希伯来的。我在中国听都没听说过什么是希伯来语。”

“真想不到才来两年你的希伯来语就如此的流利。那么你喜欢以色列的食物么？”

“非常喜欢。”贝蒂说。

“你最喜欢什么呢？”

“我最喜欢意大利粉，哈哈！”

“中国孩子和以色列孩子的生活有什么不同呢？”

“哦，太不一样了，什么都不一样。”

“最大的不一样在哪呢？”

“这儿特别好玩，这儿的派对聚会特别多——总之，这儿和中国什么都不一样。”这时掌声又再次响起。

背景视频结束了。只见紫红色的丝绒幕布慢慢地闭拢，几分钟后又徐徐地打开。一个长笛手站在舞台的右后方，开始了伴奏。

主持人接着说：“不论你在哪里，在你12岁的时候，你最最喜欢的都是和朋友打电话、看电影或者聊天，但是贝蒂最喜欢的是唱歌。今天晚上她要为我们演唱电影《泰坦尼克号》的主题曲：《我心永远》（My Heart Will Go On）。”

随着悠扬的长笛独奏，贝蒂缓缓从后台走向舞台中心。她乌黑齐腰的长发熠熠地披散在身后，不但丝毫不慌张，而且自信的神情尽露无遗。她走向早已为她调好高度的立式麦克风前，开始演唱：

每天夜晚
在我的梦里
我看见你
我感觉到你
我懂得你的心
跨越我们心灵的空间
你向我显现你的来临
无论你如何远离我
我相信我心已相随
你再次敲开我的心扉
你融入我的心灵
我心与你同往
与你相随
爱每时每刻在触摸我们
为着生命最后的时刻
不愿失去
直到永远
爱就是当我爱着你时的感觉
我牢牢把握住那真实的一刻
在我的生命里
爱无止境
无论你离我多么遥远
我相信我心同往
你敲开我的心扉
你融入我的心灵

我心与你同往
我心与你相依
爱与我是那样的靠近
你就在我身旁
以至我全无畏惧
我知道我心与你相依
我们永远相携而行
在我心中你安然无恙
我心属于你
爱无止境

一曲终了，热烈的掌声经久不息，我透过湿润的眼睛看着幕布渐渐落下。她的歌喉，既有小女孩的稚嫩清脆，又带有一种成熟女性的磁性，在这欧式典雅的音乐厅里久久回荡，拨动了所有观众的心弦。

不过，遗憾的是，最后贝蒂并没有在这次比赛中拿到第一名。领奖台上，看见一个 10 岁的女孩子捧走了贝蒂做梦都想得到的金色奖杯，贝蒂紧闭的双唇在颤动——但她在竭力地克制自己，不让眼泪流下。

一切仪式结束后，贝蒂刚进入后台，看见伊卡，就扑在他的身上痛哭了起来。我进去接她的时候，远远地，看见伊卡正一边为她擦着眼泪，一边在安抚她。

回家的路上，贝蒂一言不发，只是紧紧握着我的手。晚上，躺在床上，她的眼泪还在不停地流。没有能够得到那个梦寐以求的奖杯，她是多么的失望啊！我坐在她的床边，一边为她拭干泪水，一边轻轻地告诉她，在这个世界上，有很多有才华的人，但每场比赛的冠军只有一个。得不得到奖杯并不是很重要的，她这几个月的经历，是多么的难能可贵啊。而且，我，她的老师努瑞特，还有所有她的朋友，都为她的参赛而感到骄傲！

我还对她说，并不是每一个人小小年纪就能有这种机会的。作为一个外国的孩子，能在以色列舞台上展现自己的才能，与犹太音乐天才们同台演出，我们应该深深地感谢以色列这块热土和热情的人民。

贝蒂似懂非懂地望着我，双眼含着泪花，渐渐地进入了梦乡。在短短的时间内，贝蒂就经历了从没有过的巨大成功和极度失望，这使她的一生受益匪浅。我抚摸着她哭得红肿的双眼，把一缕被泪水打湿的头发挪到她的脑后，祝愿她做个好梦，当明天早上太阳升起来的时候，她会忘却今天所有的眼泪和失望，留下的只有无限的感激和美好的憧憬！

一次美好的失败

幸福不在于既定的目标能否达到，而在于每一步通往目标的行程上——贝蒂很小就从她的切身体会中懂得了这个永恒的真理。成功和失败都是孩子成长中必须经历的过程。它们并不像白色和黑色那样界限分明，它们都是人生灿烂的花朵，丰硕的果实。它们也会互相转变，就像好事变坏事，坏事变好事的哲理一样。如何对待成功的惊喜，与如何对待失败的沮丧一样重要。

当晚以色列的电视上现场播放了这场演出，以后的接连几天内，贝蒂收到了许多来自犹太同学、朋友，甚至家长们的电话，有的夸她唱得好，有的说她漂亮、可爱，有的说她将来一定会成为歌星。一些平日没太多交往的朋友也争相来电话，使我们母女俩应接不暇，又充满感动。先是一个叫耐塔的小姑娘，然后又有好几个人对她说："虽然你没得第一名，但在我和我的朋友心目中，你是最棒的！"这些电话，自然而然地让她把没有得到第一名的沮丧和失望扔到了九霄云外！

那晚她表演的时候，摄影机镜头有时也对着坐在台下的我，所以第二天我也成了"名人"。我刚刚跨进魏茨曼研究院的门，就看见一个犹太老师跑过来激动地对我说："靖，昨天晚上是你女儿，她唱得真好，她太可爱了，她应该得第一名的，那些裁判们也太有偏见了！"在她边上一个犹太老师也忿忿不平地说："看起来裁判们还是有些偏见的。"

第三天，我们小小的家里突然挤进了一大堆记者，他们都端着各种不同大小的照相机。他们细细观察了我们住房的各个角落，然后哗哗啦啦照了很多照片。

最后，几个记者把摄像机放在阳台上，开始对我们母女进行了采访。

又过了一天，报纸上就登载了贝蒂的大幅照片，还有贝蒂和我两人的合影，并刊登了一篇很长的采访文章。文章很长，写了满满的两页报纸。记者在报纸上这样写道：

如果大歌星席琳·迪翁能够知道，一个长着细长眼睛的中国女孩，作为六个竞争者之一，站在以色列瑞诗屋的文化中心歌唱比赛的舞台上，演唱她的《泰坦尼克号》主题曲，她会怎么想呢？——12岁的贝蒂虽然没能得到冠军，但她却吸引了所有人的目光！人人都在问，为什么一个中国女孩会在这儿唱歌，而且她说着正宗的以色列口音的希伯来语？她是怎么会站到这个舞台上的呢？

带着这些问题，我采访了贝蒂——她是一个从见了第一面就让我喜欢上的孩子。

两年前，贝蒂跟随她的母亲靖从中国来到了以色列，住在雷霍沃特市。靖当时在魏茨曼研究院攻读博士学位。

我来到她们母女俩朴实的公寓里，我发现在她们的起居室里，没有任何中国特有的装饰物，但客厅的墙上以及贝蒂的卧室里，却有很多从报纸上剪下来的滚石乐队的海报。但这些海报并不是唯一证明贝蒂已经融入这里的证据。她的语言能力，和她绝好地道的希伯来语，都证明她在这个年纪接受了希伯来文化。她已经把以色列当作了自己的家，也不想再回到中国去。她梦想成为一名和奥普然·哈扎一样的，在以色列和全世界都很出名的歌星。

贝蒂出生在中国，她母亲是一名医生。大约四年前，靖决定来以色列学习。她把女儿留在了中国。在中国，这是可以接受的。因为中国只允许有一个孩子，而且人们往往过分地专注于自己的事业。“当我刚来到这里，我就立刻喜欢上了这儿的一切，但我也付出了代价，我两年都没有见到女儿，我知道没有妈妈的日子是很痛苦的。虽然我知道她被外公外婆照顾得很好，以色列的安全问题使我一开始不敢带她来。”

贝蒂说：“没有妈妈在身边是很苦——但我挺过来了。外婆把我照顾得很好。一开始在电话里听到妈妈让我来以色列，说这儿是个很好的地方，我不相信，很害怕，因为当时我在电视里看到的以色列尽是打仗的景象。”

贝蒂对我描述她初来以色列的情形：刚来的时候她连一个希伯来的单词都不认识。在中国的时候，贝蒂虽然懂一点英语，在学校里却从来不用说英语。在以色列，大家只说希伯来语，只有几个学生能说一点英语。她很幸运，有一个很好的老师努瑞特，给了她很多鼓励，贝蒂从她那里得到了很多的帮助和自信。

贝蒂对我说：“别人都觉得我与众不同，而且很想知道我从哪儿来，大家都想知道，在那个叫做中国的地方，人们是怎么生活的。开始我很震惊，因为在中国，学习要繁重得多，对行为上的要求也更加严厉，男孩和女孩从来都是分开的。但在这儿，男女同学混合在一起。这里的氛围也要轻松很多。其实我真正惊讶的是，在这里我可以轻松随意地和老师交谈，甚至睡在朋友的家里。在中国，我从没在朋友家里睡过觉，一放学，小朋友是不会见面的，也没有聚会。放学就代表着一天社交生活的结束。所以对于喜欢有人陪伴的我来说，我感到特别的欣喜。我是独生女儿，所以家里没有其他的姊妹相伴。我只用了几个月的时间，语言障碍就被克服了，我能说希伯来语了。刚开始有点困难，毕竟这对我来说是一种全新的语言。唱希伯来语的歌对我的语言学习帮助很大。”

贝蒂从很小就开始唱歌了，贝蒂的妈妈靖清楚地记得：小时候，贝蒂就坐在电视前看歌手演唱，想着自己有一天也能成为在电视上唱歌的大牌歌星，后来她学会了钢琴和声乐。但那时候她从没想过要成为一名职业歌手。

贝蒂又告诉我：“我开始融入学校，而且去参加各种学校的活动。一天，我的班主任老师告诉我我有一副好嗓子，并问我是否要参加一个在电视上播放的少年歌唱比赛——布拉姆。这正是我梦寐以求的事情，所以我妈妈就给他们打了电话，他们邀请我们去面试。我真的是太兴奋了，我觉得我就要实现在电视里面对全国观众唱歌的梦想了。”

靖说：“在中国的时候她没有在电视上唱歌的机会，因为中国太大，要想在电视荧幕上获得成功非常的困难，而且那时我们也没有去想这事。”

我问靖：“你认为那是因为贝蒂在以色列让人看起来与众不同，组织者才邀请她的吗？”靖：“我希望不是这样的，有好几个原因。一方面，能有一个非犹太人参加这场演出，总是件更使人兴奋的事。但是，如果贝蒂唱得不好的话，无论她来自哪里，也不会被录取参加演出的。所以贝蒂被允许参赛，事实上是因为她自己的实力。”

我问贝蒂：“你希望赢得冠军吗？”

“是的，我一开始就希望可以拿到第一名，我一直都觉得我唱得很好，而且他们都说我应该得到冠军。”

“你感到失望吗？”

贝蒂回答：“我当然感到失望，在学校里，我一直以为我是唱得最好的。但是，在我与其他孩子同台表演的时候，我发现他们也都唱得很好。因为每个人都想要成为明星，拿到冠军，这叫我有点失望。就像妈妈说的，参加比赛本身就是一次难得的激动人心的经验。我很为自己能拥有这样的体验而骄傲。”

靖说：“我一直在告诉她，这次比赛只是她人生的一个开端。我起初很担心女儿会因为太想赢而失望。但她很坚强，她很乐观地接受了这个事实。”

“你今后会参加其他的比赛吗，贝蒂？”

“如果有机会的话，我一定会再参加的，我很喜欢唱歌。也许我妈妈会认为，这种竞争会给我太多的压力，但我能正确对待，这是一种美好的经历。”

这就是贝蒂，当她说她不想回中国而想住在以色列的时候，实在叫人意想不到。

靖说：“还有两年时间我就要完成博士学业，贝蒂就要和我一起回中国了。但她却告诉我她不想回中国。这给我出了一个难题。我因为工作太忙，没时间学习希伯来语。虽然我也很热爱以色列，但我还是想回到中国继续我的事业。我明白这对贝蒂又会是一个新的挑战。但贝蒂很幸运，能有机会去接触这个在电视里看起来充满了战争、她毫不认识的世界。在以色列，她学会了去了解一种新的文化，认识不同的人，但我们的家在中国，那是我们要回去的地方。”

贝蒂：“我真的不想回中国去。但我现在不去想这件事。两年是一段很长的时间，也许我有可能说服妈妈留在这儿。”

在采访开始的时候，靖很好奇我的家庭状况，当我告诉她我有一个独子的时候，她开始了对我的说教：“一个儿子是不够的。犹太人通常都不止一个孩子。”“你因为自己只有一个孩子而困扰过吗？”我问她。靖说：“在中国的情况是这样的，我只有一个孩子，我的朋友们也都只有一个孩子。我们身边的每个人都和我一样。当贝蒂来到以色列的时候，看到这里平均每家都有三个孩子，感到深深的震惊和羡慕。我觉得有一个大家庭是件很好的事情。但在中国，不可能有很多孩子，因为中国人口实在太多了。"

我问贝蒂："当你和你妈妈都在家时，多数情况下是谁做饭呢？"贝蒂说："当我在中国的时候，我的外婆做所有的家务，她做饭，打扫卫生，把每件东西都摆放整齐。在这儿，我做饭，妈妈负责清洁。她不喜欢做饭，而且她很少在家，我甚至有时还会把碗碟都洗了。"

"你们觉得以色列的饭菜口味怎么样？"她们都笑了。贝蒂说："这儿吃的东西与中国相差太大了。在中国的时候我们一天吃三顿饭，这儿，有的时候一天就吃一顿饭。我最喜欢这儿的披萨。"靖说："我从来不在乎吃什么，以色列最让我兴奋的是它先进的科学技术。不论是中国人，还是世界其他地方的人，都钦佩犹太人的聪明智慧。到了这里，我才真正地体会到了这点。我在中国当医生，在这里，我的导师是世界一流的癌症研究专家。每天我都能学到我在中国没有机会学到的新知识。"

这时，《请把我们当作孩子来保护》的歌声从贝蒂的房间传出来，那是著名以色列歌星奥普然·哈扎的声音。贝蒂跟着哼了起来。她对我说："我真的爱奥普然·哈扎，她去世之前，我并不知道她。她去世之后，我想知道为什么她会受到每个人的爱戴，她又有什么特别之处，我就买了她的很多光盘，我发现她在用歌声对我说话。我爱听她的歌，我也希望我长大了能成为她那样的歌星！"

2000 年 7 月 28 号，作者：丽沐·西萌

贝蒂的一张大头像占了整整一页报纸，下面是一条醒目的注释："虽然没有获得比赛的冠军，但那天几乎所有的关爱都集中在这个跟随母亲一起来到这儿的 12 岁中国女孩身上。"

电视直播的第三天，印着贝蒂大幅照片的报纸发行后，一瞬间贝蒂真的成了个知名的小明星。在街上常常被孩子们发现并友好地"包围"，请她在笔记本上签名，有时孩子们甚至让她在他们的胳膊上签名。

我也成了骄傲的母亲。到商店购物的时候，常常有人定睛地看我，然后说：“我看见你女儿在电视台演唱，她很漂亮，唱得非常好听！她是应该得第一名的！”而且，我在以色列的许多中国女朋友也对我说，她们常常走在路上就会被人问道：“你是否有个会唱歌的女儿，她太可爱了，她的歌声太美了！”

对于只在电视上看了我一秒钟的犹太人来说，所有中国女性的脸庞都是相像的，就像我们看犹太人一样，于是我的同龄女朋友们就常被误认为是贝蒂的妈妈。但每当被问到，她们都会美美地回答：“贝蒂不是我的女儿，但她是我朋友的女儿。贝蒂是我们所有中国人的骄傲！”

情窦初开

人的一生中，有多少个第一次——第一次上学，第一次亲吻，第一次打工，第一次到一个陌生的国家，而每一个第一次都会是那样的特殊，在岁月的风尘中，会永远保留它那香甜的韵味和美好的感受。而初吻，是令人永远激动难忘的经历。

那天我一手握着自行车的龙头，一手紧握贝蒂的小手，走在回家的路上。她兴奋地对我述说前一天的所见所闻："妈妈，昨天我在如丝家玩，晚上看电视的时候，我看见如丝的爸爸和妈妈坐在沙发上，互相搂着对方，然后还不停地接吻。他们好像非常亲密，非常快乐。几个孩子在屋里像是没有看见一样，想必他们是看惯了。但我好喜欢看他们这样的行为，我想这是他们很爱对方的表示，即使是在自己孩子们的面前。"她的小圆脸上羡慕的神态一览无遗。贝蒂常常放学后来到我的实验室一边做作业，一边等我做完实验一起回家。往往当我们从实验室回家的时候，已经很晚了。

是啊，这些对贝蒂是很新鲜的事，因为在中国，很少能看见有人在公开场合下亲吻，至少她那时没有看见过。在我成长的过程中，我们甚至不知道"性"是何物，也不知亲吻是什么！

忽然，贝蒂停下叙述，好像想起了什么。然后，她停下脚步，把她的左手从我的手心里抽出来，仰着头，好奇地看着我："妈妈，你从来没有这么做过，是不是你不需要这些？"

那时贝蒂已经10岁了，但从来没有看见过我像如丝的妈妈一样，被吻，或亲吻别人。换句话说，她从没有看见我与任何男人亲近过。

我被这纯真、稚气的问话怔住了，不知如何回答。

在普天下母女的关系中，在女儿成长的过程中，我相信所有的母亲都会遇到女儿棘手的、无法回答的问题。我也一样。但是，那天晚上，那个天真的问题带给我的震惊、触动和反思，是语言难以形容的。

我意识到，贝蒂已经到了“性”发育的阶段了，她已经开始对男女之间的亲密关系感到好奇，她在观察，在思考，在询问，然后，也许就会开始尝试和探索。但是，她还太小啊！我到了20多岁都还没有弄懂的问题，而且到了40岁还羞于张口，也从未向人提起的话题，她在10岁时就开始试图弄明白！是什么原因呢？科学实验证明，土壤里的微量元素可以对人的生活造成很大的影响，土壤中的雌激素可以促使小女孩早熟。难道以色列强烈的太阳，也催人早熟么？

我可以简单地回答贝蒂：“你说的对，我不需要这些——”她也从来没有看过妈妈有这些行为，她会立刻相信的。但那是撒谎。我不愿意这么做。尽管生长在一个性压抑、单色调的年代，但我的心里，实际上常常涌动着一股春潮，一种强烈的对爱情的渴望，而男女间的亲吻和爱抚是一种爱的表现。我的生活中也有过这些激动人心的时刻，而且它是那么美好，就像一杯浓浓的茶，在我的心里永远弥漫着淡淡的沁香。不过，那只是我心里的秘密，从来没有让任何人看到，也不会让任何人知晓。它只是深深地埋葬在我自己的心底。

我从小追求爱情，与所有同龄的女孩一样，在对爱情的美好憧憬中度过了少女时代。但是，在那种精神生活贫乏、男女之情相对禁锢的年代里，爱情对我来说只是一种期盼和愿望，一种可望而不可及的想象。我所受的教育使我相信，任何肉体的欲念都是一种肮脏的东西，与爱情毫不相干，即便是简单的抚摸或亲吻。我像贝蒂这么大的时候曾经相信，只要与男人坐在一条长凳上就会怀孕，就会生孩子。

我想起我自己，虽然早已没有爱，但仍然要维持的婚姻。我的婚姻一开始就不是因为爱，但很多年过去了，我也一直维持着一个没有爱的婚姻。因为我没有勇气去做自己想做的事情。

但是，这并不代表我不需要这些——我也是女人，一个正常的女人，而每一个正常的女人都会需要爱，也都会去爱。但是我们生活的范围太局限，而我们的传统又太陈旧！

像如丝妈妈那样的生活，沐浴在自己所钟情的男人的爱抚、亲吻里，正是我梦寐以求的。我曾经有过这样的梦想，我希望将来这个梦想还会实现，但是，不是现在。现在，我是一个有丈夫的女人，虽然一直维持着一段没有爱的婚姻，我仍然不该去想、去做那些男女间亲密的事情，更不能对女儿去说这些。我和我的同代人是人性被扭曲的一代人，我们心里想的，和我们实际生活中的所语所行，可以是完全不同的，甚至是相反的。这是我们所生活的时代的局限。贝蒂怎么能够懂得这些呢？

当我来到以色列，看到人们都那么潇洒地生活，我是多么的惊讶，又多么的感动啊。他们想什么，就说什么，就做什么，想跳舞就跳舞，想唱歌就唱歌，想亲吻就亲吻，旁若无人，从不瞻前顾后。他们自己是自己心的主人，自己是自己行为的主宰。

见我支支吾吾地不想回答，她干脆站在那儿不走了，固执地望着我。

“妈妈，告诉我，你是不是不需要这些——我指的是男人的亲吻。”贝蒂站定身体，一副倔强的样子，非要我回答她不可，否则她就不会离开那儿。

我知道贝蒂的性格，她不达目的不罢休。

贝蒂翘首望着我，她的眼睛在璀璨的星光下凝视着我，那里面充满了一个10岁女孩的好奇。在短短的几个月里，她已经经历了两种不同的生活、两种不同的文化、两种不同的习惯。那一刻，我的右手握住自行车的左把手，这样可以把左手腾出来，握着她的右手。

那一瞬间在我的记忆里就此凝固了。

我发现自己无法把心灵深处的真实想法告诉她，我无法正面去回答她，她还太小，无法理解她妈妈那一辈人走过的人生旅程。但我又不想撒谎。于是我婉转地说：“世界上的每一个女人都会渴望爱情，渴望亲吻和被吻——你妈妈，也是一样的。”

贝蒂似懂非懂地点点头。我们又一起走向回家的路。

杰克是我新认识的一个朋友，他在特拉维夫的一所医院工作，是一个心理医生。可能是由于我们的职业相似吧，每次见面都有说不完的话题。那天他来的时候，我给他泡了一杯茶，他细细地品着，兴奋地和我讨论着好多有关医院和病人的事，尤其是中国和以色列的区别。贝蒂坐在一边的饭桌上做作业。当我发现时间已经很晚了，我催她去睡觉。“不，我一点都不困。”她坚持说。但我还是坚持把她拉回了她的卧室。

杰克终于起身告辞了。我送他出去，借着昏黄的路灯，我们又站在马路上聊了一会儿。

我目送着杰克走远，又顺着那条石头铺的小过道往楼梯口走。正准备上楼，看见楼梯下方凹进去的、路灯照不到的地方，有一个黑影在移动。原来是贝蒂躲在那儿，光着小脚，一双鞋子提在手上。还没等我反应过来，她已经“扑通”一下，扑在我的身上。

“你在这儿干什么呢？你不是早就睡觉了吗？”我奇怪地问。

“我是假装睡觉，其实我才睡不着呢。我一直在偷听你们的谈话。然后我又跟在你的后面下楼了——我躲在这儿是想看一看，你和杰克会不会接吻。”

“那你看到什么了吗？”我故意问。

“没有——你们没有亲吻——我很高兴你们没有亲吻。你还是我的好妈妈！你不要找男朋友好吗？我就是你的男朋友！”

我真是忍俊不禁——多么天真可爱的女儿啊！

“好——你是我的男朋友！可要做个好的男朋友哦！”我在她的小脸上亲吻了一下。

但是，几个月以后，情况就完全不一样了！

又是这个杰克，邀请我去看电影。我向贝蒂告别，告诉她看完电影我就会立刻回来。

“你放心——只是一起看一场电影而已。他只是我的朋友——你才是我的男朋友！”我打趣地对贝蒂说。

“等等，妈妈，你不能这样出去。”贝蒂从她的房间里拿出了一支口红，踮着脚尖往我的嘴上抹。她又很快打开我的衣柜，为我挑选衣服：“妈妈你要穿得好看一点，不能就这么随便去赴约会。”她几乎把我所有的衣服都拿了出来，一件一件地在我身上比划着，最终为我挑了一件蓝底白花的无袖上衣和一条白色的半长的裙子。当她看见我顺从地脱下牛仔裤和T恤，换上她为我挑的上衣和裙子的时候，她往后退了一步，认真地看了看我，然后满意地笑了——那种笑容，就像是一个妈妈在为自己的女儿打扮，去见她所钟情的男孩子。

走在路上的时候，我在心里暗笑，真正是应了中国的一句古话——“女大十八变”，而这儿所说的“变化”，恐怕绝不仅是指女孩子身体的发育和外表的变化吧。从不允许男人给妈妈打电话到帮妈妈打扮赴约会，只过了几个月的时间。

很快，我一直隐隐担心的事情终于发生了。

我一般每天回家很晚，而且我回家的时间比较有规律。但偶尔我的实验提早做完了，我也会不期地提早回家。终于有一天，在走道的楼梯口，我看到贝蒂和一个小男孩互相依偎着坐在那儿——我记起他就是那个在晚会上和贝蒂跳舞的男孩！他们的两双小手互相交叉着。我看到贝蒂的肩膀靠在他的肩膀上，脸上露着甜甜的笑容。他们轻轻地交谈着，沉浸在自己美好的世界里。看到了我，他们立刻窘迫地站起身，那个男孩对我不好意思地笑一下，然后悄悄地、一声不吭地走开了。贝蒂则默默地跟着我回家。我在心里预测到，也许我最最担心的那件事情就要发生了。

那天晚饭后，她对我说：“我要到外面去散散步。”

“好啊，我陪你去。”我应声道。

“不——我想自己一个人出去。”

“可以。但你一定要早点回来。”我叮嘱道。在以色列，尤其是我们居住的地方，是相当安全的，所以我不用为她的安全担心。很多孩子们也都是三五成群地很晚了还在户外玩，父母一般不会担心的。

“放心吧，我就在附近的小花园里，不会走远的。”她答应道。

但是，尽管这样，我还是有些担心——我也说不清是为什么。我忐忑不安地在家里等了她近两个小时。

终于，贝蒂兴奋地推门而入：“妈妈，我们接吻了……他第一次吻了我……”

贝蒂的双颊像是涂上了鲜红的胭脂，容光焕发，她的两只水灵灵的眼睛，此刻散发着亮晶晶的、兴奋无比的光芒！

我怎么也不敢相信自己的耳朵。接吻？这么小的孩子？怎么会知道什么是接吻？我自己到了24岁都还不知道接吻是怎么回事！不仅是我自己，和我同一时代的许多女友都有过类似的经历。曾经发生过这么一个真实的故事：有一次，一个女生在黑夜里回宿舍，要穿过一个很大的空地。走到中间的时候，她被一个从黑暗中跳出来的男人紧紧抱住。这个女生拼命地挣扎。第二天学校登出了一个通缉海报，要举报一个舌头被咬掉一截的男人。看到这个海报后，在宿舍里女生们好生纳闷：男人的舌头怎么会跑到女孩的嘴里呢？我承认，我们那一代，是被禁锢的一代。我们决不能让下一代重蹈覆辙——我们下一代的身心应该能够自由地、健康地发育和成长！

但是，贝蒂还是个孩子啊！初吻——对每一个少女来说，是多么的甜蜜、美妙、珍贵，而又刻骨铭心。但是，我看了看这个还不到12岁的女儿，她还是一个小小的女孩，至少再过两三年，她才能算是个“少女”！

我这时明白了：贝蒂也许要过早地进入她生命中一个重要的里程。而我，对于这个在以色列长大的女儿，是那么的束手无策。

很快，贝蒂从一个腼腆温顺的小小女孩，变成了他们同学的“爱情顾问”。在斯宾扎克小学的毕业典礼结束后，孩子们互相拥抱道别，连平时不大说话的男女同学，此时也都洒泪相拥道别。下学期，有的学生会去同一个中学，但有的要去别的学校，所以大家也许很难再相聚。一个叫妮娜的女孩，在与贝蒂拥抱的时候，对她说：“我一直好喜欢约瑟夫，但他下学期要去很远的一个学校，他父母要搬到另一个城市去了。”她说着伤心地哭了起来。

“那，约瑟夫知道你喜欢他吗？”贝蒂问。

“不，他不知道，我从来没有告诉过他。”

“妮娜，你今天要是不告诉他，你也许就不再有机会。去，走过去，勇敢地对他说，你喜欢他！”

妮娜一向是个害羞的小女孩，在班里又比别人都小半岁，所以她做事常常征求贝蒂的意见。贝蒂一向很有主见。

妮娜羞怯地一步三回头地向着约瑟夫的方向走去。贝蒂微笑着看着她，鼓励她往前走。妮娜终于走到了约瑟夫面前。贝蒂看见他们两人拥抱了起来。随后，妮娜又回身向贝蒂奔跑过来。

“我告诉他了——我终于让他知道了我喜欢他！他说，其实他也很喜欢我！我好高兴啊！”妮娜兴奋地搂着贝蒂，又蹦又跳，眼里泪花滚滚。

当贝蒂回家告诉我这个故事的时候，我简直不敢相信，曾经那么腼腆的女儿现在竟然能给其他女孩做小参谋！

犹太孩子的性格是直爽的，他们想什么就做什么，决不拐弯抹角，绕着圈子跟你周旋。他们的爱和恨都那么鲜明，那么一目了然。今天我喜欢你，我会告诉你，明天我不再喜欢你了，我就告诉你为什么我要与你分手。是对是错，无从判断，也不需要去判断，只要我们对得起自己当时的感觉和心境——总之，按照自己的意志去做，而不瞻前顾后，怕狼又怕虎。

这跟我的母亲，和我自己，是多么的不同。贝蒂来到以色列才不到两年的时间，就已经完全接受了，而且学会了这种生活方式。我是应该为女儿的变化和成长感到高兴呢，还是应该为她失去了中国人的含蓄、矜持、容忍而感到失望？面对这种巨大的反差，我对女儿没有训斥，没有说教——因为我自己也不知谁是谁非。但心中的彷徨不安是难以言喻的。

贝蒂接下来的行为更是让我又震惊，又痛心，又无措。

早熟的女儿

性教育恐怕是父母面对儿女最难启齿的问题，尤其是对孩子早期的性教育。而对生命奥秘的探究，是每一个孩子必经的过程。为了避免谈及“性”的尴尬，母亲们常常编造各种答案。“我从哪里来的？”“你是我从垃圾堆里捡来的！”我的母亲这样回答我，我在中国时也这样回答贝蒂。

但在以色列，贝蒂学会了自己去寻找答案。她12岁时，开始喜欢男孩子，摆弄避孕套。我惊诧万分且痛苦之极。

我们这一代，是性压抑的一代，我们不能让我们的后代重蹈覆辙。但是，怎样才是适宜的、健康的方式呢？尤其是当女儿还这么幼小的时候。

2000年，一个风和日丽的春天，我开着那辆因过度磨损而总是发出令人不快的噪音和振动的老式三菱车去斯宾诺莎中学接我的女儿贝蒂回家。该校是以一位荷兰犹太哲学家巴鲁克•斯宾诺莎的名字命名的。

贝蒂在回家的路上开心地唱着歌。我喜爱她的声音，她也乐于唱给我听。她甜美的嗓音具有一种魔力，可以一扫我在一整天繁重学习和实验后的劳顿。通常这是我一天中最快乐和满足的时刻。当时我正在魏茨曼科学研究院攻读分子生物学博士学位，我的研究领域是表皮生长因子受体信号在癌症中发生的机制。作为一名世界著名癌症专家的博士生，我每天有做不完的实验课题。

当我把车停在公寓边时，贝蒂看着我，用一种与她年龄极不相符的口吻对我说：“妈妈，今天我想和你说件事。”自从我们有车后，她喜欢坐在车里而不是回到家里和我谈论一些重要的事。也许是因为在空间有限的车里，彼此更会集中精力进行交流，不受干扰。

我关掉引擎，做了一个长长的深呼吸，以确保自己做好了准备。

“妈妈，我想和你谈谈‘性’的话题。你知道在我这个年纪每个人都会对‘性’感兴趣。”贝蒂直接切入话题，没有一点的掩饰。

有关“性”的话题……我的脑子“轰”地一下。我虽然有一个这么大的女儿，但从未与她谈过这个话题。我母亲也从来没有与我提过这个极其敏感的话题……应该说，“性”这个词在我们这辈人的成长中，一直是一个“禁区”。

坦率地说，直到医学院毕业，学完了所有男女性的解剖知识，我都不懂得“性”是怎么一回事。记得每当我们学习有关男女生殖器的时候，大大的生殖器官画面常常使得自己面红耳赤，感到羞愧，所以每次都匆匆翻过那几页。

眼前的女儿贝蒂还不到12岁，就开始提起“性”事！而且她说起这个词来是那么的轻松，仿佛是在提一道她爱吃的菜！

我不由得张大了嘴巴看着她。

“看你这个样子，怪吓人的……我又没有想打人杀人或抢劫偷窃！”她这样对我说。

贝蒂有所不知，“性”的话题在我的生活中一向被视为一种禁忌，真的比她想做这些坏事更让我吃惊！

“当然，这并不意味着我很快会有性关系。我喜欢男孩子，但我也明白，我还没有做好心理准备。而且，如果我有一天真的这么做了，我会知道怎样去保护自己。”

见我不语，她继续往下说：“我买了一盒六只装的安全套，不过到今天为止我只用了两个。”

“你说什么？你已用了两只安全套？！”我不禁对着她大声嚷道。我当时一定是面无血色。

“放轻松啦，妈妈。我其实没有用它的实际功能——我只是往安全套里面灌上水，然后打上结，再把它们扔到窗户外面去而已，挺好玩的。”我的天啊，至少，我的女儿还是个处女。不过，这能持续到哪一天呢？

“我是不会在15岁之前发生性行为的，你放心好了。所以，现在我还用不着安全套。不过，我喜欢看它们，玩它们，想象将来怎么去使用。而且我总是随身携带，只是以防万一！”她讲得眉飞色舞，充满了一种对未来的憧憬，但我却被这个毫无准备的话题弄得心慌意乱。

“我现在身上还带着一些呢……你想看看吗，妈妈？”她接着又说。直到现在，我才从刚才的慌乱中缓过神来。

“我有许多不同味道的安全套：苹果、草莓、梨子、桃子味道的。”她继续说道，“妈妈，你需要一个吗？如你需要的话，不用去买，只要告诉我一声，我随时可以给你一个的！”

她这简直就是在挑逗我！贝蒂清楚地知道，那时我的生活是两点一线：实验室和家里。我根本没机会也不会需要用安全套！我不知道该说些什么，惊讶、气恼和无奈真的让我不知所措。

“妈妈，其实我今天真正想跟你说的是，你会不会同意我带男同学来家里过夜——一起睡觉？”

她的话就像是扔在我心头的重磅炸弹……和男孩在一起睡觉？她希望我同意她和男孩在一张床上睡觉？

我眨眨眼睛，再定睛地看了看她，试图明白她在要求什么。在我从小受到的传统道德教育里，在我人生的规章里，女人只有举办完婚礼才可以与男人同床。我又想起自己少女时对于“性”的理解：只要男女在一张床上睡觉，就会怀孕。记得我高中毕业去北京的姑姑家小住，当姑姑抱怨说，我的父母生这么多的孩子，因此不能为我和弟妹们提供一个良好的生存条件时，我对她说：“那有什么办法呢？他们那时太穷，家里只有一张床可以睡觉，不得不睡在一起。”记得我姑姑哈哈大笑了起来，但没有多做解释。我很纳闷她为何要笑我。那时我真的以为，男女只要在一张床上睡觉就会怀孕生孩子，甚至坐在一张长凳上也会怀孕，所以我从来不和男生坐在一张长凳子上。

慢慢地，但坚决地，我对贝蒂说：“不行！不行！！坚决不行！！！”

贝蒂似乎一点也不对我的反应感到意外。聪明的女儿很了解她的妈妈，所以才开始与我进行这么一场“正式”的谈话。“为什么不同意我和男孩子睡在一起呢？

在以色列，很多父母都会同意他们的女儿和男孩一起睡觉的。为什么你会与他们不一样呢？我们只是想在一间屋里，一张床上，躺在一起说说话罢了！要是说得累了，我们就会手握着手，躺下睡觉的。”她是在试图说服我。

“为什么你不相信我刚才对你说的？我是不会去尝试性行为的，我还没准备好啊。再说，要是那个男孩想做我不喜欢做的事，我会推开他的手并让他走开的。我一定会这么做的，相信我，妈妈。”贝蒂继续企图说服我。

她的话听起来很有道理，但让人觉得，这些话不该从一个12岁的女孩子嘴里说出来。她试图让我相信，她只会和男孩一起睡觉，绝不会涉及性的问题。这怎么可能呢？

“我真的很喜欢我的同学伊卡。”她继续说道，“他是我们班上最英俊和聪明的男孩，而且真的很讨人喜欢。最重要的是，他非常尊重我，他永远不会对我做那些我不希望他做的事。他佩服我而且觉得我很特别。他经常会看着我，然后突然说：‘贝蒂，你太美了！我爱你！’他那么说的时候真的很认真。”

我突然想起她12岁生日时与她一起跳舞的小个子男孩。我甚至听到了我心脏猛烈的跳动声。

“伊卡从小学习萨克斯管，是个优秀的演奏者，但他已经两年没有练习了。我很喜欢听萨克斯管演奏，就因为我，他重新拿起了萨克斯管。你看，这就是‘爱’的力量。”说到这里，她狡黠地对我一笑，“他妈妈对此也感到很开心，而且希望他多花些时间和我在一起。看到我在他身上造成的影响，我真的感到很骄傲。他的妈妈又年轻又漂亮，很喜欢我。每次我去他们家，她都给我做好吃的。”这下我明白了——难怪最近她经常很晚回家。

“下次如果伊卡来我们家，你也会欢迎他，喜欢他的，对吗，妈妈？”

“你现在才12岁，还太小。在你这个年纪是不该对男女之间的事情感兴趣的。”我以决绝的口气说。我并没有见过伊卡的母亲，不过我敢肯定她是一位土生土长的犹太妇人。我想我一定不会喜欢她的儿子，她的儿子在与我女儿“拍拖”！

“我知道我只有12岁，可我觉得我已经是个大孩子了，你真的不必为我担心。你要做的，就是信任我。”她接着说，“事实上，如果你试图阻止我做某件事，我反倒会更加想去做，不是吗？所以请信任我，好吗？妈妈。我明白有一些女孩会仅仅因为某个男孩而去做疯狂的事，甚至在失恋时会自杀。但我永远也不会那么做，因为世上还有那么多的选择摆在我的面前。如果那个我喜欢的男孩不想和我再在一起，我以后还会找到其他男孩的，这有什么大不了的呢？因为我知道，‘爱’永远是双方的事，要‘两相情愿’才行。”她试图让我放宽心，她已经长大了。

“妈妈，我知道你希望有个在学校刻苦学习，不看电视，没有朋友，甚至不知道阴茎和安全套为何物的女儿。但我是个在以色列生活的贝蒂，我喜欢我现在的样子。我的朋友们也喜欢我现在的样子。他们不希望我成为一个刻板的中国女孩。你最好面对现实，妈妈。

“此外，我还想告诉你，有的时候你真的太忧郁、太暴躁了。你不应该那样的，你应该试着控制你自己，任何事都不应该让你失去平静的心态和生活的意义。有时候你会无缘无故地生气。我是那种天生的乐天派，不管什么事我都会去看到好的一面。我想这个习惯对我来说非常重要。如果我决定去做一件事了，我就一定会把它做好的。我已经去努力取得好分数了，而且我只在完成了我的家庭作业以后才会和朋友们一起玩。这你是知道的！”

现在倒轮到她教我该怎么做人和生活了！

我尽力显出我在认真听的样子。尽管打心底里，我不得不承认她说的这些都是事实，可从我女儿的口中听到这些，还是让我既震惊又害怕。有时我的确会莫名地冲着她大喊大叫发脾气。我像所有的中国母亲认为的那样，觉得她是属于我的，因为是我赋予了她生命。她是这个世界上唯一一个我可以向她展现真情实感的人，尤其在我背负着巨大生活压力的时候。在国内，孩子从不回父母的嘴，他们只会、也应该服从父母的所有安排。

贝蒂说她“总是试着去看到事情好的一面……一旦决定要做什么了，就会努力去做好”，这显然是她的另一个计谋。她想让我的心阳光起来。

“现在呢，我想和你说，我打算在本周五晚上邀请伊卡来家里，在我的房间里，和我一起睡觉。要是你能同意的话，你就是这个世界上最好的妈妈了！”她紧盯着我，焦急地等着我的答复。我紧闭嘴唇，一言不发。

“拜托了，妈妈。就让伊卡来我们家过周五。我们一定会乖乖的，只是在我的房里紧挨着说话而已——我们什么也不会做的。”然后她抱住了我，在我耳边撒娇。她知道，对于一心希望她快乐的妈妈，这是她最好的一张牌。

如果是其他的事，我会立刻同意宝贝女儿的要求。但这次不一般。我还沉浸在极度的惊讶和失望中。我慢慢将目光从她身上移开，僵在那里一动不动。

“好吧，我给你几分钟时间去考虑。”贝蒂说道。看我仍然保持沉默，她接着说：“妈妈，我知道，这对你来说不是一件简单的事情，所以我用了这么久来说服你。其实这对我来说也并不轻松，因为我料到你会有什么反应。但我还是想告诉你真相，因为我想让你知道，我是怎么想的，和我想做什么。我不想瞒着你。其实我完全可以瞒着你的——我可以在伊卡家里过夜的！”

这倒是实话，现在的贝蒂就像她的犹太朋友一样，喜欢直言不讳，敢说敢做，决不会听之任之，更不会委曲求全。她最讨厌的是拐弯抹角，她自己也绝不这么做。

我依然一言不发，保持沉默。那时贝蒂和我在以色列生活已经两年了。她清楚地知道她在我心中的地位。与妈妈分别两年后，我在她极不情愿的情况下，把她从中国带到以色列，一个她完全陌生的国度。从那一刻起，我一直在试着从各个方面去弥补她，以至于无条件地去满足她的所有要求。因为我理解她，刚 10 岁就离开自己熟悉的一切，离开对她关心备至、体贴周到的外公外婆，来到一个她曾经讨厌的国家。从此，她必须试着去适应不同的语言环境、不同的文化以及不同的习俗。这对于一个 10 岁的孩子来说多么的不易。

在以色列，我俩就像两只漂泊异乡的孤雁，除了相互为伴，每天连说中文的机会都很少。我们生活在一个新的国家，跻身在新的人群中，不断探索和适应。我很难有时间陪着她。我在一个有着国际声誉的著名实验室攻读我的博士学位，而且还有一位以严苛著称的导师。我每天不得不去应付数不清的课程和实验。与此同时，在多数时间里，贝蒂也只能一个人在家里待着。无数个夜晚，当我悄悄回到家时，贝蒂早已睡熟了。

因此，怀着一种对女儿深深的愧疚，我总是尽力去满足她的任何愿望，如课外活动、参加晚会、给朋友买礼物、出去玩、买衣服，等等。我从不舍得给自己买瓶矿泉水，可为了让她看起来漂漂亮亮的，我可以为她买任何她所喜欢的衣服。有的时候我对她说了“不”，她就会对着我甜美地微笑，再请求。所以，最终，她总能心想事成。

可这事就没那么简单了。这是一个传统和信念的问题。

我的思绪又回到了自己 12 岁时在南京的生活。那时候的女孩子甚至都不允许和男孩说话！我每天除了上学就是上学，努力成为班上最好的学生。虽然那时没有多少书读，也没有什么课上。但是，在学校听老师的话，放学之后回到家里，不是读书就是帮着奶奶做家务。我不放过任何一本能得到的书，尽管当时所能得到的书只是毛泽东语录。

我生长在一个传统的中国家庭里。像所有的中国女性一样，我的祖母在她 18 岁那年，由父母包办，嫁给了我的祖父。我的母亲在 22 岁的时候，才第一次恋爱，并嫁给了我的父亲，他是她一生第一个，也是唯一的恋人。这段婚姻和爱情一直到 2005 年我父亲去世才终止。我的祖父和父亲是我的祖母和母亲一生之中在心灵和肉体上唯一亲近过的男人。

我和我的祖母、母亲一样，嫁给了第一个亲近我的男人。医学院毕业后，通过一位同事的介绍，我认识了贝蒂的父亲。我们在领取结婚证之前从没睡在一起过，而是在领证几个月后，举行了正式的结婚典礼才同居的。我真的很好奇，如果贝蒂的父亲也在以色列的话，当他听到了贝蒂今天的请求，会有什么反应。

我努力想弄明白，在以色列生活的两年时间里，我的女儿身上到底发生了什么。仅仅两年前，她还是个典型的传统中国女孩。1998 年的夏天，我带她来到以色列时，她可是像可爱的小猫一样听话乖巧。

现在我的女儿却希望可以和男孩子睡在一起，而且就在我家里！我远离家人来到以色列，是为了在医学研究领域上有所造就。作为一个传统的中国妈妈，我绝不允许自己的女儿堕落到这个地步，并使中国人的可贵品质蒙羞。我也绝对不会以牺牲我女儿可贵的中国道德观为代价，去成就我事业上的成功。这是我不能容忍的！

虽然我很清楚女儿倔强的个性，我知道如果我不允许她这么做的话，我得面对什么。但我还是下定了决心。我宁可她把我看做一个不可理喻、顽固保守的中国母亲，恨我一辈子，我也不要像以色列妈妈一样，允许她和男孩睡觉。虽然这对许多以色列女孩来说是件很正常的事情，但问题就在于贝蒂是个中国女孩，而我也是个中国妈妈。人们熟悉的“虎妈”，甚至都不允许她女儿在放学后做任何课外活动！

“不行，我决不会允许你这么做，”我迅速果断地对她说，“你太小了，绝对不可以和男孩一起过夜。”我接下去想说，她只有结了婚才能与男人在一起，但我话到嘴边又收了回去。

“可我这儿朋友的妈妈都会同意他们这么做的啊。为什么你非要和她们不一样呢？”她争辩道，甚至流出了生气的泪水。这是她战胜我的老办法了。

“是的，我就是与这儿的妈妈不一样，因为我是个中国妈妈，而不是犹太妈妈。不管你如何喜欢这儿的生活方式，不要忘了，你是中国人，你身上流着中国人的血液！你必须遵守中国的传统！”我瞪着她，这次我不会再因为她的眼泪而心软了。“做母亲的，一定要有自己的原则。”我记得有个朋友对我说。这是爱，一种困难的，但是重要的爱。

“但我们现在是住在以色列啊，我们不是在中国！这儿就是我们的家。如果你不想我像个犹太女孩一样生活，你为什么要把我带到这儿来呢？是你把我带到以色列来，又不是我自己想来的！”她绝望地大声嚷着。

我想这次她真的抓住了我的弱点。

“好吧，如果你这么想的话，我们可以立刻回中国去，我现在就可以去订机票。”我心里愧疚，但嘴上仍然强硬。

“我不想回中国，我爱这里。我爱我的伙伴们！但我现在恨你！”当贝蒂意识到她不可能在这场争论中获得胜利后，迅速下了车，“砰”的一声关上了车门，甚至都没有再看我一眼，很快地消失在了路的尽头。

突然间，我的整个世界仿佛都坍塌了。我闭上眼睛呆坐在车里。

“让我和伊卡一起睡在我的房间吧，我们只是睡在一起而已。”我的耳边一遍遍回荡着她的声音，除了这声音，我完全感觉不到别的东西存在。

我不记得我是什么时候才睁开眼睛的。我的心脏都快要停止跳动了。我有那么一会儿都几乎失去了意识。如果驾驶座上有个洞的话，我想我肯定会毫不犹豫地钻进去，再也不出来了。我真希望可以从这个世界上消失。

那天晚上贝蒂没有回家。我到处都找不到她。没有字条，也没有语音留言。我打电话给她所有的朋友和他们的家里，可没人知道她在哪里。我想报警请求警察的帮忙，可最后我并没这么做，因为我知道她一定会在某一个安全的地方。她只是想用逃避的方法来反叛，让我备受煎熬，因为我没有同意她带男孩子来家里过夜。

在那个不眠的夜晚，我真的希望我可以施一个魔法，让我的女儿立即坐上飞机回到中国！几年来第一次，我开始后悔我人生的选择：离开中国来到以色列攻读博士学位。

如果不是我在以色列最亲密的好友奥娜的帮助，我恐怕很难快速走出那个黑暗的死胡同：一个传统的中国母亲对自己犹太化了的女儿的失望、无奈和困惑。

西方妈妈的性教育

我在以色列的好友奥娜对我说："正如世间的事物是不以人的意志为转移的，孩子的性成熟也有早晚之分，因人因地而异，当不期的事件发生时，应该多倾听、理解、诱导和帮助，成为孩子最值得信任的知己，而不应一味指责甚至是惩罚，这样可以有助于孩子身心健康，避免引起不良后果。"奥娜13岁时与男孩子相拥过夜，清晨醒来，妈妈和她相拥而笑。

面对早熟的女儿，东方妈妈和西方妈妈采取迥然不同的方式——到底谁是谁非呢？

"奥娜，贝蒂到现在还没有回家——她会在哪里呢？我该怎么办呢？"那晚11点多了，贝蒂还没有回家。我心里焦急万分，拨通了奥娜的电话。奥娜是我到了以色列以后结交的第一个犹太姑娘。我和她同年在本•古里安大学开始读博士，她在化学系，我在生物系。

奥娜听我诉说完所发生的事，对我说："你现在不用担心她的安全问题。你知道以色列的夜晚是很安全的。贝蒂一定是在某个同学家过夜了。你等着我，我明天晚上来找你。"奥娜安慰我说。

次日晚，灿烂的星空下，我和奥娜，还有她的爱狗基尼，在我家不远处的小巷里漫步。

奥娜又在静静地听着我的叙述，说到伤心处，我不禁掩面抽泣。

奥娜温柔地看着我，从提包里拿出纸巾，给我拭干泪水。

“好了，靖，别伤心了。”奥娜虽然比我还小 4 岁，却用大姐姐一样的语气对我说。

“现在，靖，请你抬头看着我……你看，我是个坏姑娘吗？”

皎洁的月光下，我看见奥娜那对深蓝色的眼睛发出钻石一样的光芒。我知道，不论是出自我个人的情感，还是社会的标准，奥娜都是一个出色的美丽姑娘：有事业，有追求，待人诚恳，有独立的意识，又善解人意，人见人爱。用中国人的标准，她是个好女儿、好姐姐、好朋友。她知道我非常喜欢她。我们已经认识好几年了。

但我纳闷，她为什么要问我这个问题呢？她应该知道我是怎么看她的呀。

“回答我，靖，我要你回答——我知道你在思考，但我要你说出来——我听不见你心里的声音。”

“你，当然是个很好的姑娘，不然我怎么会和你交朋友？”我答道。

“但是，我告诉你，我也性早熟——11 岁起我就开始暗中喜欢男孩子，12 岁就有了第一次亲吻，十三四岁就有了男朋友——你说，我因此变成了一个坏女孩了吗？现在，我 33 岁了。”

我睁大眼睛看着她，不敢相信自己的耳朵——我认识她几年了，这是她第一次提起这事！

接着，奥娜有声有色地向我讲诉了她 13 岁时难忘的“第一次”：

在以色列，女孩子在十三四岁后就开始有男朋友是一件十分正常的事，一般她们都直接或间接地告诉家长。家长非但不把这事看成坏事，相反，父母为孩子的成长而感到骄傲。当然，也并不是每一个孩子都会这样，也有很多家长仍认为，性生活应该等到孩子长大成熟了以后，比如 18 岁以后。那时他们才会懂得自己真正想要什么。不过，每个人成熟的早晚不同，性教育也是要因人而异。

奥娜记得很清楚，她 13 岁时第一次与一个她的同班同学，也是 13 岁的男孩在家里过夜。他们在一起看电视节目看得太晚了，然后一起手拉着手在奥娜的床上睡着了。次晨起床后，奥娜红着脸对妈妈说：“其实我们什么也没做。”奥娜的妈妈搂着她的肩膀，轻轻地说：“不要担心，你可以告诉妈妈实话。你不用担心告诉我任何的事。我很为你高兴，这证明你已经长大了。他是个很好的男孩。

我自己也是从这个年纪就开始有了男朋友。”奥娜于是倒在妈妈的怀里，对她讲述那个男孩的情况，他们是怎么认识的，他多优秀，恨不得把她的故事和对男孩子的兴趣全部与妈妈分享。“我好快乐，妈妈，我真的很喜欢他。”

没有一句训斥，没有一点说教，奥娜的妈妈只是关切地听着女儿的叙述，只是由衷地为女儿的成长和经历而高兴。只不过，最后，她妈妈轻轻地提醒道：“要小心，你还太小，应该等到成熟一点再——而且，千万不要怀孕了——要注意安全。”

“当然了，我不会这么早就有真正的‘性’关系的——我早就备好了各种型号的避孕套。”她们相视大笑。那天，奥娜母女两人欢快的笑声在屋里回荡，然后飞出了她们那简陋的小屋，飞到那湛蓝的天空——后来那个男孩子搬家了，住在距奥娜家很远的地方，于是他们也就失去了联系。但奥娜永远也不会忘记那个男孩多情的眼睛。

奥娜声情并茂的叙述，把我带进了一个我从来不可能想象的、“天方夜谭”般既美丽又不可思议的故事。这怎么可能呢？一个母亲，为自己小小女儿第一次与男孩过夜而欢喜！

我想起我在南京的邻居，一个叫小星星的女孩，16 岁时，有一次被父母看见在路灯下与一个男孩子亲密地聊天，男孩子的手抚摸着她的脸。然后，小星星被她的父母锁在卧室里，好多天不让出门。我女友明的女儿，14 岁时，有一天放学不回家，与一个同班的男孩子在教室的角落亲密地谈心，被老师看见，告诉了家长，就被父母训斥得无地自容，很多天没脸面对同学。

这些都是近几年发生的事。我就不用列举我父母一代的生活规范了。

常言道，榜样的力量是无穷的。难道，奥娜妈妈的做法，真的对奥娜的成长起到了积极、正面的作用吗？我现在面对贝蒂，应该如何去想、去做呢？

奥娜讲完她的经历，又开始对我进行心理疏导：“贝蒂是一个又聪明又敏感的女孩，她会在生活中学会生活。一个人的一生，并不在于她会交几个异性朋友，而在于对人类、对社会的贡献，是不是因为她的存在、她的努力，让社会、让她周围的人的生活更美好。

“早早地体验生活会使孩子很早就对性别的不同和两性的关系有所了解，有感性和理性的认识，然后在她真的长大了，进入社会的时候，在男女关系上，会比别人更成熟些，并会少受挫折，少走弯路。因此，她会有更多的时间去学习知识，去探讨人生，去追求自己的理想。在别的同龄男孩女孩为了男女关系不能自拔的时候，未来的贝蒂，一定能够理智、正确地对待，把精力投入到更重要的事情上去——工作和学习。因为她已经在那个人生必修的课堂毕业了。你看，有什么不好的呢？

“弗洛伊德说过，性是人的第一需要，人类生存的动力和源泉。我们为什么要压抑这么美好的、人与生俱来的欲望呢？”

奥娜说完了，给了我一个灿烂的亲吻，带着基尼，消失在小巷尽头苍茫的暮色中。

那夜，我却久久不能入眠，慢慢地回味着、思考着、咀嚼着她的话。面对着同样一件事——女儿的早恋和可能发生的“性关系”——奥娜的妈妈和我有着截然不同的看法，采用的也是不同的对待方式。尽管奥娜的话有道理，但毕竟我是一个中国妈妈，我在传统的中国观念下长大，我怎么能够摒弃自己多年来积累的道德观和伦理观呢？

但是，不管怎样，我内心深处的恐惧虽然没有完全消失，但却释然了一半。

多年后，贝蒂在美国勤奋学习，努力工作，从没有一次因为交男朋友而陷入沮丧或绝望的境地。“曾经沧海难为水”就是这个道理。贝蒂不仅从来没有因此影响过学习，还一直为她的朋友们提供免费两性关系“咨询”。她的女朋友们都把自己的秘密向她倾诉，也十分听从她的分析和忠告。有一个高挑漂亮的高中同学，常常为了男朋友不打电话、不值得信任而神魂颠倒，不知所措，每当这时，贝蒂总是她第一个想倾诉的人。

直到这时，我才真正地体会到奥娜那晚以她自身经历对我的“说教”是正确的。正如人有高矮胖瘦，寿命有长有短一样，每个人在生理和心理上的性成熟年龄也不同。很多非洲国家的女孩，11 岁就要出嫁生孩子，而很多女人直到 50 多岁还不知性是何物，她们也许不需要性爱，也许从来没有接触到引发她们性爱的男人。那么为什么我们要压抑那些自然而生的、虽然幼稚但却真诚美好的情谊呢？美国的学校给 11 岁以上的孩子发避孕套是有道理的。人对性的好奇从出生就有了，而长到了十一二岁，经过了这么多年的好奇和等待，他们已经有了想摸索和尝试的愿望，如果条件成熟，有了可靠的、值得信任的伙伴，在保护好自己的同时，也许能使他们早日揭开性的奥秘，而把更多的精力投入到其他方面的发展中去。

我又想起多年前发生的一件事。在中国，在性禁锢的年代里，少女怀孕的事情还是屡见不鲜。贝蒂的奶奶，一个小儿科医生，就亲自处理过一个 12 岁怀孕的女孩。妈妈带女儿来看病，说食欲不好，经多方查因，最后确认是女孩怀孕了！小女孩什么也不懂就挺了个大肚子，妈妈羞愧得痛不欲生。

按照贝蒂老师的看法，尽管每个人的成熟时间有早晚，女孩子可以在不同的成长阶段有不同性质的“男朋友”，但最理想的还是等到 16 岁或者 18 岁，当她们的身心基本成熟以后再考虑尝试性行为。那时她们也会知道如何去找到自己理想的伴侣。我个人还是欣赏中国的传统——把处女的贞操留给自己合法的丈夫，像我的奶奶、我的母亲和我自己一样。但时代不同了，很多事情是不以我们做父母的意志为转移的。原则上说，我赞成多支持、多理解和信任，少惩罚和责怪。就像对待朋友一样，多一分理解和宽容，做父母的就会多一份舒展和平静。

犹太人和我们中国人有很多相像的地方，犹太人聪明、智慧，而且非常重视教育。但犹太人在对于孩子的恋爱观和性教育上却和我们非常的不同。中国人认为的一生，尤其是一个好女人的一生只应该有一次爱情、一个男人。而很多犹太人则认为男女关系也是一门学问，见识和经历得越多，就越有人生的经验，也就更成熟。

我的一个教授朋友，他的女儿 23 岁了，已经谈了 8 年的恋爱，是和同一个男孩子。也就是说，教授的女儿在 15 岁的时候就和这个男孩有了很好的关系。有一天，他的女儿告诉他，她想结婚了。这位教授朋友和女儿坐下谈心。“我很喜欢你的男友，也不反对你们结婚。但是，他是你一生唯一相处过的男孩。从没有与别的男人接触过，你怎能知道他是最适合你——也是你最想要相处一生的男人呢？”女儿想了想，觉得父亲有道理，于是与男友彻夜长谈。最后两人决定重新体验生活。三年后，如果彼此仍然想着对方、爱着对方，就约定在特拉维夫的一个公园见面，然后共同进入婚姻的殿堂，一起生儿育女，并永不反悔。

我当时惊讶地不知如何反应。青梅竹马的爱情，在我们中国人的观念里，是最最珍贵、最最值得艳羡的，那又是所有父母对子女求之不得的。

“那，如果你女儿在这三年中找到了别的男人，或者她的男友碰上了一个更漂亮的女孩，他们的关系不就结束了吗？”我深深倒吸了口气，问道。

“那就说明他们之间的关系不牢固——那么早点分手更好，省得将来对彼此的损害更大！”教授毫不犹豫地回答。

三年后，这位教授对我说，他女儿终于要结婚了。三年间彼此都交了几个异性朋友，但风风雨雨过后，他们得出结论：自己的初恋是最美好、最真实，也是最合适的。

如果不是因为这位教授是我的朋友，又是个非常真诚的人，我绝不会相信世界上还会有这样的事、这样的父母。

难道，我们对子女的性教育真的是如此不同——中国人和犹太人，我们不是都生活在同一片蓝天下、同一个世纪里吗?

不愿离开以色列

友情是人生瑰丽的宝藏，又是人生快乐的源泉。在以色列自杀式爆炸此起彼伏的时候，我想让贝蒂暂时离开，但她说："我走了，我的朋友们怎么办呢？如果我的朋友们不离开，我就哪儿也不去。"

贝蒂和我在以色列生活的最后两年，2000至2002年，正是以色列自杀式爆炸此起彼伏的阶段。那时全国上上下下气氛沉重异常，户外活动都全部取消，以色列人最喜欢的爬山、横跨沙漠或者在死海边游泳的活动也都销声匿迹。

巴以地区恐怕是如今世界上最动乱的地区之一，中以建交之前只有很少的中国人在以色列，建交之后在以色列的中国人口每年快速地增长，到2002年时已有数万人，主要是合法或不合法的劳工。当时中国在以色列的留学生大约有500人。

那时，以色列中国大使馆的网站上有一个特别提醒：

由于持续不断的冲突，以色列时常遭到恐怖分子的自杀性炸弹袭击，以及火箭弹或迫击炮袭击。到以色列访问的中国公民应注意安全问题，不要到以巴交界的西岸和加沙地区。在路上、公共交通车辆上、餐馆、商店、旅游景点等人多的地方，如果发现无人看管的包裹，应立刻远离，并迅速通知附近的保安人员；应告诉家人自己的活动行程和联系电话，并定期同家人联系，如发生意外，家人可据此请使馆介入，迅速找到当事人；应记住中国驻以色列大使馆的联系电话和各种应急电话，遇事及时拨打。

我在魏茨曼科学院的实验室里有一台小半导体收音机，它总是高高地放在一个靠近大水槽的架子上，在实验室的正中间，所以从这个偌大的房间的每一个角落都可以听见广播里的声音。平时这个收音机不断地播放各种希伯来语新闻，大家都是有说有笑的，一边做实验一边听新闻。

但这段时间，有时突然一条消息，会使所有的人都立刻沉寂下来，大家都会忧虑不安，心情沉重。然后我就会知道这一定是一条不好的消息。果然，过了一会儿，我的同事们就向我解释了那个非常不幸的消息——又有一个自杀性爆炸发生了。后来这几乎成了家常便饭。

自杀性爆炸是有人把炸弹捆绑在自己身上去引爆。这些自杀式爆炸的人在自己身上绑了很多炸弹之后，就会走到人群密集的地方，人越多越好，因为他们相信，自己死亡时带去越多的人，就可以获得越多的回报。更加愚昧的是，他们相信如果是男孩子进行自杀性爆炸，死亡之后在天堂会有很多美丽的处女在等待着他们，而且炸死的人越多，得到的处女就越多。可悲的是，这些自杀性爆炸的人当中也有妇女和儿童，据说很多的阿拉伯学校在孩子很小的时候就开始教育他们，杀死犹太人是一种上帝赐予的特殊荣耀，所以他们死后可以到天堂与天使们相聚。多么可悲啊！

2002 年 4 月的一个星期五，发生在耶路撒冷市中心“耶胡达”市场的自杀式爆炸事件中，至少 6 人丧生，约 70 人受伤，爆炸现场惨不忍睹。经过大市场，看到墙上挂着的死难者们的名单中有一个中国人的名字，我在那站了很久，向这位来自大陆的同胞默哀。

那个大市场正是贝蒂曾经与丽然子的父亲莫迪去过很多次的地方。她喜欢跟着莫迪去那采购东西。她喜欢到那去看、去尝她在中国从没有见过的新奇的食品，那儿曾留下她多少欢乐和惊喜。以后贝蒂每到世界上的任何国家，大市场都会是她最喜欢去的地方。

有一天，我带着贝蒂从特拉维夫开车回家，看见我们家所在的街道前前后后所有的汽车都被堵住了。

“怎么回事？”我摇下窗户，问身边一个荷枪实弹的警察。

一个小伙子回答道：“有人在那条街道放了个大包裹，无人认领，所以排雷队的人正在那儿检查这个没有人要的包裹。”

在以色列，没有人管理的包裹是最值得怀疑的，因为可能是有人故意放下的炸药包。在以色列，当你发现没人认领的包裹时一定要向警察报告。类似的事情经常发生。再往下继续问，这个可疑包裹就恰恰放在离我和贝蒂住的地方才几步路近的一个楼门口。

以色列公交系统非常发达，大多数人，尤其是学生、军人，他们周末回家或者返回学校、营地都要乘坐公共汽车。这也使公共汽车和车站成了恐怖分子的主要目标，成为最大可能的自杀性爆炸的靶点，因为那儿的人最多最集中。我经常看到警察带着警犬在人群里搜寻。尽管以色列到处都是警察，防范措施很严格，可大大小小的自杀性爆炸还是经常发生。贝蒂那时正要接受唱歌培训，而每次培训或预演排练的时候，都是在特拉维夫或附近的城市，如果她坐公共汽车的话，我每次都会提心吊胆，非常担心意外的发生。这也成为我后来决定买汽车的原因。

学校也是人员比较集中的地方，还好学校的警戒都比较严，恐怖分子难以下手。但是有一次学校南部附近的公共汽车也被炸了，有很多人受伤，所以在那段非常恐怖的日子里，我所有的朋友，无论是在以色列、日本、香港还是英国、美国，都频频来问候，表示担忧和关心，我对此非常感动。贝蒂的老师也会教学生如何识别炸弹，如何保护自己和他人。

我父亲有一次听说以色列有爆炸，而且是在一个与“魏”字读音相近的地方，就异常担心，晚上辗转反侧不能入睡。那个时候通信又不像现在如此发达，所以他们没有办法联系到我，直到几天后，通过弟弟给我打通了电话，知道我们母女两人安然无恙才放下心，但是接下去的日子又开始焦虑，因为以色列的自杀性爆炸是连续不断的。

那时，我在国内外的同学纷纷提出让我把女儿送到他们那儿先避一下，然后再回以色列。尤其是我住在英国剑桥的同事，是我在以色列原来的同事和朋友，在那个非常时段里，给我打了几次电话，希望我把女儿送到她家去住一段时间。因为她有一个跟贝蒂同龄的女儿，而且英国离以色列非常近，只有不到四个小时的飞机行程。我自己是根本不可能离开以色列的，如果我能把女儿送到英国去，应该也是一个很好的主意。但是我举棋不定，因为我不知女儿是否会同意我为她做的安排。这时的贝蒂已经不是两年前那个非常听妈妈话的孩子了。

“靖，赶紧把你女儿送到我这来吧。”英国的朋友霞又给我打电话。

那天放学回家，我把这个想法告诉了贝蒂。我问她：“送你到英国去住几天好不好？你去年去了张阿姨的家里过得不是挺开心么，能不能先去那儿住一段时间？你看现在这儿自杀性爆炸这么频繁，局势如此的危险，而且还可能更加严重。”

“妈妈，如果说我自己能去英国躲避这种危险，那我在以色列的朋友们呢？丽然子、瑞斯、奥塔尔、凯蒂，她们的家在以色列，她们有地方去藏、有地方去躲吗？如果他们都还在以色列生活，我哪儿也不会去的！”

那一瞬间，我从贝蒂的眼睛里更深刻地理解了人生最宝贵的东西：友谊！

与“逃课少女”的半小时谈话

常常听到父母抱怨，孩子不听他们的话，或者对他们的说教东耳进、西耳出。他们有时也不愿意听老师的教诲。实际上，有时候，一个有影响力、受他们尊重的局外人的忠告会起到无法想象的良效。

每个女孩一生都会拥有很多香水，大多是自己挣钱买的，或者是男朋友送的。但是，贝蒂生平第一次享用的法国香水，则来自一位闻名世界的癌症研究专家——我的博士生导师约瑟夫·亚当教授。

“这瓶香水是给贝蒂的，祝贺她数学考试100分！”一天傍晚，我正在整理白天的实验资料，约瑟夫来到我的办公桌前，递给了我一个精致的礼品盒，里面有一张小小的贺卡和一瓶香水，上面是法文，是粉红色包装的，正是小女孩喜欢的颜色。我知道约瑟夫刚刚从法国讲课回来。

贺卡没有封上，里面是约瑟夫的亲笔字，写道：

亲爱的贝蒂：

祝你数学考试得100分。希望你继续努力！

你的约瑟夫

当我把这瓶香水拿给我的同事们看时，大家都为我感到惊喜，因为约瑟夫平日严肃少语，从来不开玩笑，也不跟任何人有工作以外的来往，没想到他会送法国香水给他学生的女儿！

“这是约瑟夫送给你的。”晚上回家后，我把香水和贺卡交给贝蒂。

贝蒂手捧香水，快乐地欢呼了起来。看完贺卡，脸上充满了甜甜的，又自豪的笑意。刚满11岁的贝蒂，还从来没有用过香水呢，这是她小小年纪第一次收到的香水礼物。约瑟夫怎么会送贝蒂香水的呢？这其中有一个故事。

我们的研究小组可以说是全魏茨曼最大的研究小组之一，有来自世界各地的20多个学生。大家都非常努力地做科研，早出晚归。尽管如此，除了约瑟夫之外，我可能是全实验室工作时间最长的人。我们都称呼导师“约瑟夫”，谁也不会叫他“亚当教授”，因为在以色列人人都直呼其名，这跟在中国完全不一样。一开始我还不习惯，但时间久了也就入乡随俗了。

有段时间贝蒂的老师告诉我她经常不去上课，所以成绩很差。我心里焦虑异常，又不知如何去做。贝蒂在这西方社会，已进入逆反的少女期，根本听不进我的说教。

约瑟夫看出了我情绪低沉，问我怎么回事。我只好实情相告。他沉默片刻后，问我能否把贝蒂带到办公室来，我们一起好好谈一谈。

我心里很感动，像所有以色列大学研究院教授一样，约瑟夫从来都争分夺秒地工作，每天连吃中饭的时间都没有。他家中有三个孩子，最小的才7岁，他每天很早来到实验室，很晚才回家。但现在，他却主动提出要花时间与贝蒂谈话。

感动之余，我不禁想起了多年前的一个场面：4年前他刚接受我到他的实验室做博士生时，我母亲来电说贝蒂在家非常痛苦地想妈妈，整天不吃不喝把自己关在房里。我决定立刻回国把她接来，但不知约瑟夫能否同意。接下来的一个星期我天天小心翼翼地寻找机会，与他谈我要回家接贝蒂来以色列的事。我想最合适的时间是等到他晚上离开办公室之前告诉他。有一天机会终于来了。

“约瑟夫，我想请假回中国。我要把女儿接来。”

他沉吟了一会儿，然后不动声色地说：“我理解你，但我很抱歉，你现在还不能走。我有个重要的实验需要你做，我等着你的实验结果呢。等你的实验做完了再去接你的女儿好吗？”

我把思念女儿的眼泪往肚里咽，接下来没日没夜工作了两个多月，做了无数的实验，最终有了很好的结果。当我把报告拿给他时，他欣慰地笑了。

“靖，约瑟夫说你现在可以回去接女儿了。”约瑟夫的实验室助理莎娜告诉我。我当天就去购买了回珠海的机票。

我后来慢慢地感受到，约瑟夫并不是一个无情的人。他表面严肃，实际上内心非常善良，对他所有的学生，对我和贝蒂都很关心。在以色列当教授不易，尤其是在魏茨曼研究院当教授，竞争非常激烈，他当时想把文章发表，所以急需实验结果，而我是他当时唯一相信的人。他知道我会没日没夜、争分夺秒地做实验。他果然预料正确，我的实验结果使他非常满意。我一直对他拖延我回珠海接贝蒂这件事怀着一种难以解释的情绪。但我现在开始理解他了。

“贝蒂，约瑟夫想跟你谈谈。你明天放学后去我实验室好吗？”那晚回家后，我小心翼翼地对贝蒂说。

“为什么约瑟夫想跟我说话？我才没时间呢。我明天要去凯蒂家玩她的小老鼠。”

“但是，约瑟夫说他很想见你。已经约好了的。”

“那你去见他好了，关我什么事？”

“我也不知他想对你说什么，反正他说想见你。你知道他很忙，如果你让他不高兴的话——”这时我停顿了下来，并察看她脸上的表情。看她坚持不愿意去见约瑟夫，我只好用点计策。因为贝蒂知道我的导师对于她和我在以色列生活的重要性，我是他的学生，如果得罪了他，也许他不会继续留我在这儿读书了，那贝蒂不就要回中国吗？那时的贝蒂已经很爱以色列了，所以虽然极不情愿，但也还是勉强答应跟我去见约瑟夫。贝蒂一向非常理解和支持我的科研工作，从来没有抱怨过我的工作时间太长，不管我多晚回到家里。一个晚上，我担心我是否关严了那个零下 70 度的冷冻箱，因为那个冰箱事关重大，里面有十分重要的试剂和标本，打开后必须闭得紧紧的，不能有一点缝隙，否则里面珍贵的试剂会报废。我想回去再察看一下，否则我无法安心地睡觉。贝蒂那时已经脱掉衣服，上床睡下了。但是，听说我要回实验室，她立刻起身穿衣：“妈妈，我和你一起去。我比你要强壮得多。万一有人想伤害你，我可以保护你！”于是，她陪伴着我沿着寂静无人的街道，走到了那早已空无一人的实验室大楼。事实上，冷冻箱的门闭得紧紧的，没有必要来一趟，我只是过于谨慎而已，或者是心理学上说的“强迫症”。

有一天，贝蒂一人在家感到很孤独，每隔10分钟就给我打一次电话，问我什么时候回家。我告诉她要耐心地等待，我实验一做完就立刻回家。她再次来电话时，我正准备去向约瑟夫汇报工作：“我不能跟你说话，约瑟夫正等着我呢。”我告诉她，她立刻就放下电话，然后那晚就再也没有打电话来了。当我终于完成了工作，回到家里，她问：“你跟约瑟夫的谈话怎么样？一切都还好吗？”她那又担心又认真的样子让我忍俊不禁。

我这么想着，推算着，贝蒂也许能听进约瑟夫的话。

“好吧，我去见他——”贝蒂勉强同意了。果真，我这一招还真有用！

在约瑟夫满是杂志和书籍的办公室里，他像招待大人一样请贝蒂坐下，然后开始与她交谈。他用的是希伯来语，我只能断断续续地听懂一些。约瑟夫用和蔼的口吻告诉贝蒂，妈妈在以色列学习生涯的艰难，希望她理解；他又强调了在学校学习的重要性。约瑟夫一向寡言少语，而且总是细声细语的，从来不提高声音。但他的每一个字、一句话，都极其重要，都代表着一种说不出的威严。我们这些学生无一不对他又敬又畏。

但贝蒂可不是他的学生。贝蒂那时正是个天不怕地不怕的小牛犊。我知道她对任何说教，都有一种强烈的逆反心理。

我极度紧张地坐在那儿，听着，观察着，真担心贝蒂会像对我一样对约瑟夫无礼回嘴。但还好，她始终紧闭嘴唇，一声不吭，眼睛低低下垂着。也不知听进了一些没有，总之没有反驳。我也就深深地松了口气。大约半小时后，我连声对导师道谢，领着贝蒂回家了。

谁知道，刚刚走出实验楼，贝蒂就开始气愤地向我叫喊：“约瑟夫是你的老板，但他跟我有什么关系？他凭什么对我说教？我知道在学校怎么去做，他管不着我。”虽然她开始对我无礼，但我仍然庆幸她没有对约瑟夫不礼貌。

很多年后，我听心理学家说，女儿对妈妈的“无礼”，不仅是可以预料、可以理解，也是完全应该的。她们在向社会挑战之前，会先与自己的母亲练兵。真是岂有此理。我那时对贝蒂的学习真是非常的失望。

没曾想，几个星期后，奇迹出现了。一天晚餐时，贝蒂不声不响地从桌对面递给我一张试卷：这是一张数学试卷，上面写满数据和希伯来语，我看见试卷的右上角标着一个红色的“100”。

我几乎不敢相信自己的眼睛。我立刻放下碗筷，走到对面紧紧地搂住了她，高兴无比。女儿学习的进步永远是对妈妈最好的奖赏！

在美国有很多心理咨询专家，也有数不清的心理诊所，父母和儿女之间的纠纷、矛盾或冲突往往会让他们花上每小时一二百美元去看心理医生。但实际上，你们自己周围的亲朋好友、同事或者熟人，只要对你的孩子心存关爱，会比再高明的心理医生更见效。

第二天一早我就告诉了约瑟夫这个天大的喜讯，并再次对他的帮助表示由衷的感谢。

约瑟夫什么也没说，但我看见他的脸上浮现了欣慰的笑容。

几个星期又过去了，约瑟夫像往常一样，又去世界各国参加会议和演讲。然后我就收到了那个贺卡和香水。这瓶香水让我感受到他温馨善良的一面。后来，我听莎娜讲诉了一件更加感人的故事：莎娜的母亲去世了，我们全研究小组的人和约瑟夫都去参加了莎娜母亲的葬礼，当时需要四个人抬她母亲的棺木，约瑟夫自告奋勇地加入了四个人之中。看着他瘦小的身躯抬着厚重的棺木，莎娜感动万分。

“他对我母亲的这些恩德，让我觉得欠他一辈子的情。”莎娜擦着眼泪对我说。

随着莎娜的诉说，我眼前浮现出这样一幅情景：一个瘦弱的学者，一个举世闻名的专家，虔诚地、用心地，与其他三个粗壮的男人一起，费力地抬着一个黑色的棺木，里面躺着一个 82 岁的逝去的老夫人，是他助理的母亲。

在我获得博士学位离开以色列的时候，为了感谢约瑟夫，我在给他的道别信上写道：“我相信，你送给贝蒂那瓶香水的芳香，会永远温馨地弥漫在她的记忆中……”

“我恨中国传统”

孩子的思维、观念的形成总是与社会的影响和切身的经历分不开。与犹太孩子们共同长大的贝蒂，在经历了几件对她来说触目惊心的事件后，轻易下出了结论：她讨厌中国传统。这让我异常痛心。但是，细细思忖过后，也许她的思考和分析不无道理。

我现在又走到了人生的十字路口了！

经过了六个春夏秋冬，两千多个日日夜夜，我终于完成了有关生长激素对癌症发生和发展的研究课题，并修完了博士生的所有必修课。博士论文足有200多页长，那本厚厚的，由几十个数据表和分子生物学影像组成的毕业论文，不知凝聚了我多少辛勤的汗水，花了我多少个不眠之夜！

魏茨曼研究院三位享有国际声望的生物学专家是我论文答辩的主考官。当我胸有成竹地回答了他们那些很有前瞻性和挑战性的问题时，我明白，他们对于我的研究成果和学识水平非常满意。几天后，我看到导师约瑟夫经过我的实验台时，向我点头微笑，我知道我已经通过了那个棘手的论文答辩。

接下来的问题是：毕业后去哪里继续我的科学研究生涯，并继续贝蒂和我的生活呢？

继续留在以色列生活和工作不是不可能，但是难度会很大。以色列的就业机会较少，尤其对于高科技专业，因为国家地方小，又极富人才，在美国留学的许多优秀以色列科学家，都在等着合适的位置回到他们的祖国。而我，既不是犹太人，又不精通希伯来语，留在这个国家工作的可能性自然很小。

那么，剩下的选择就是回中国或是去美国。能回中国该多好，作为中国人，那儿毕竟是我们的家。与父母家人和朋友团聚该是多么美好的事！不过，回中国工作的可能已经不大现实。我想到了不久前发生的事……

“妈妈，我为什么是中国人呢？我讨厌所谓的‘中国传统’，我不想当中国人！”那天，贝蒂很晚才从同学家里回来，坐在我卧室的一张单人旧沙发上，气愤地对我喊道。当时我正坐在床上看书。

“你，你说什么？再说一遍？”我有些不敢相信自己的耳朵。

“我告诉你，我讨厌‘中国传统’！我不想做中国人！”

我一下被震惊地不知所措！我只是呆呆地看着这个才离开中国两年多一点的女儿，揪心的痛楚、无奈和失望，排山倒海般地向我袭来……

现在，18年过去了，生活中不知又发生了多少难忘的事件，但我仍然清晰记得她当时的模样、她激动的神情、她的手势、她当时坐在沙发上的姿势，以及我心里的震撼和失望。

但是，回想起来，贝蒂这种对自己、对社会的怀疑和彷徨，应该是每个孩子成长过程中的必经阶段，尤其是对一个非常敏感、聪慧而又善于观察和思考的孩子来说。何况，她又处在两种文化的碰撞中。她所经历的这一切思想和观念上的疑问和转变，都是在意料之中的。

我深吸了一口气，尽量让自己平静下来。我要知道她为什么会有如此强烈的想法。

“告诉我，你为什么这么想？今天发生了什么呢？”我连自己都不相信，我的声音是那么的平静而又理性。

“我今天与丽然子的父亲去菜市场买菜，我正在帮助他挑选一个熟了的西瓜，好晚上吃。我听见边上站着的一个中国女人和另一个中国女人在对话。一个说：‘看你的女儿多漂亮，多聪明。’另一个女人回答：‘不——我女儿一点都不漂亮，学习成绩也没有你的女儿好。’而那两个女孩子正站在她们身边，听着她们的对话。看上去她们跟我的年龄差不多。那个被贬低的女孩子会怎么想？她真的不漂亮、不聪明吗？她真的值得让自己的妈妈去贬低自己吗？这对她是怎样的伤害呢？”

“哦，原来是这样。”听到这里，我的心里稍稍平静了一些。我太能理解那两个中国妈妈了。她们一定是与我有着类似生活经历的女人，我们受到的是同样的传统教育。我想着如何向刚满13岁的女儿解释这么一件简单的事——两个中国女人之间简短的对话却有着非常深厚的历史含义——代表了中国人几千年代代相传的优秀品质：谦虚。它是我们一向崇尚的行为准则。

“那个阿姨只是谦虚而已。她当然不会认为自己女儿不漂亮、不聪明。”

“那这样就更糟糕。她这不是说假话吗？”

“不是说假话——只是谦虚而已。谦虚是中国人的美德，你知道的。”

“那，她们自己谦虚就算了，为什么要贬低自己的女儿呢？”她又气愤地问。

“那是因为——在中国人看来，自己的孩子就跟自己是一样的。听别人夸奖自己的孩子，也就像是夸奖她自己，所以也应该表示出谦虚。”我接着向她解释。

我的话刚刚出口，我就明白越解释越糟糕。在中国家庭很多传统观念里，儿女是自家的私物，父母的一切都属于孩子，而孩子也应该无条件地听从父母，“孝敬父母”是传统美德的一个最重要部分。而在西方社会，人是社会的产物。孩子一出生，就属于社会。父母不允许虐待孩子，不然要被警察抓起，甚至关进监狱。在美国，这样的事件比比皆是。在以色列比较少，但也时有发生。孩子自从懂事起，就被教育要有自己的想法、自己的思维、自己独立的意志和行为，而绝不是盲目地“顺从”“听话”。自贝蒂来到以色列，我这个中国妈妈就再也别期望贝蒂会做到“听话”两个字了。

果然，贝蒂提高了嗓门：“什么？孩子也是人，他们有自己的生活和人格，自己的独立意志。他们属于他们自己，决不属于任何人，尤其不应该让自己的母亲去贬低自己！”

她在为那两个素不相识的女孩子打抱不平。她把这种做母亲的、代表中国传统美德的、语言上的“谦虚”，看作是一种对孩子的否定，一种公开的羞辱，一种挫伤孩子自尊自信的恶劣行为。而这种行为，比真正的肉体虐待更加严重——那是一种对自尊心的伤害，是一种心理上的打击。

这时我真的理屈词穷了。我不知道如何说服她，或如何向她解释。最后，我结结巴巴地说：“也许，也许你说的有道理，但那个——那个阿姨也有道理——

我们毕竟是中国人，我们要遵守和维护中国传统。”我听见自己在为那个没有见过面的女性辩护——也许，在冥冥之中，我实际上是在为我自己辩护吧。

“那么，这让我更加讨厌这种中国传统！”贝蒂的语气是那么的坚决。

今天，回想起这件事，我不得不承认，贝蒂是对的。她为那个女孩子义愤填膺的激情，是完全可以理解的。在小小的年龄，她就已经学会亲身观察和体会，去分析、比较、怀疑和鉴别两种不同的文化和传统习惯，而且能去粗取精。

又过了许多年，我结识了更多的朋友，听说了更多的故事后，尤其是经过了一些心理学的学习，和与我们周围同龄的中国人交谈后，我才真正认识到，教育孩子从小“自信”要比“谦虚”更重要。而且，过分的“自信”比过分的“谦虚”对人的成长要有益得多。

接着，她又向我讲述了另一件事：“我看到一本书，是一个真实的故事。在中国，女孩子或女人，把自己的贞操看得那么重要，似乎那是人生最重要的东西，是一种美德。很多女孩子，一旦因为各种原因失去了自己的贞操，被强奸或被与她有过性关系的男人抛弃，就会自暴自弃，绝望至极，甚至自杀。真是太愚蠢了！她们生活的目标怎么那么肤浅呢？眼界怎么会那么狭小呢？难道她们不知道，生活中有更重要的事情要做吗？不知道人生的意义是什么吗？”

对一个才 13 岁的小女孩来说，这又是一个多么深奥的话题。我久久不知该如何回答。“你还太小，等你长大了，会慢慢懂得这个问题的。”我对她的气愤突然变成了沉默。

“我讨厌自己是个中国人……为什么我是中国人呢？为什么我和周围的人不一样呢？”

她说着，叫着，气愤地回到了她的房间。

而我则几乎一夜未眠。

离家出走

人生的道路曲折漫长，但实际上关键的只有几步，其后的命运，也就与那个关键时刻的选择紧密相关。而家长在选择事业和人生道路时往往会不得已将意愿强加在孩子身上。父母既要理解和懂得孩子的需求，又不能放弃自己对事业和人生道路应有的追求和权利，真是可怜天下父母心！

我深深地意识到，要带贝蒂回到中国去生活，难度恐怕比去美国还大。首先，语言会是一个重大的障碍。她在以色列这几年早已生疏了中文。而且，全世界人都知道的，中国的教育水平和学生应考的能力是绝对的，她恐怕很难再跟得上同龄学生的进度。而且，更主要的是，她在以色列这几年养成的思维方式、生活习惯和行为举止已经与中国传统女孩相去甚远。

以色列不可能留下，回中国也有困难，那么我们就只能考虑一个国家：美国。

我开始在美国寻找一个世界级的研究机构去继续我的癌症研究。我没有太多的时间去找工作。通过一番搜索，我发出了五封电子申请邮件。没想到，很快，其中的四处给我回信，并向我发出邀请，去他们的研究团队做博士后研究。它们是：坐落在华盛顿特区的美国国立卫生研究院的癌症研究所，坐落在加利福尼亚的斯坦福大学医学院，坐落在旧金山市的加利福尼亚州立大学旧金山分校医学院，以及坐落在休斯敦市的安德森癌症研究中心。它们全都是世界著名的科研机构，邀请我的都是在该领域有名望的教授。

我真的很幸运，因为我知道，很多朋友在寻找工作的时候并没有如此顺利。

要想寻找一个在美国的工作机会，特别是在世界著名的研究实验室里，是需要一番努力的。我想一定是我发表在世界顶尖生物学期刊的数篇学术论文，加上我做医生的背景发挥了作用。当然我明白，最主要的，应该是我的博士生导师——约瑟夫·亚当教授在科学界的成就和声誉，为我寻找工作和日后在美国的发展铺平了道路。

能够几乎在同一时间得到四个世界顶级研究机构的邀请，我感到由衷的欣慰。六年前，当我来到以色列开始我的博士研究时，我连最起码的实验室技术都不会——不知道如何持吸液管，如何配细胞培养液。真是功夫不负有心人！我的努力终于得到了回报——辛勤的汗水没有白流！

然而要在这四份聘书中选择一个实在很难，因为四个地方都不错，都有极好的机会和前途。经过仔细考虑，我首先决定放弃安德森医疗中心和加州大学旧金山分校。但我实在无法在斯坦福大学和美国国立卫生研究院之间做出选择。于是我决定去一趟美国，实地考察这两个地方。最终决定接受美国国立卫生研究院的邀请，进行有关乳腺癌基因机制治疗方面的研究。

说实话，我做出这个决定，并不是主要基于对自己科研生涯的选择，而是基于对贝蒂的考虑。我了解到美国国立卫生研究院所在地马里兰州的贝塞斯达市，有最好的公立学校系统。而且，更主要的是，有一个犹太人社区中心就坐落在离我即将工作的癌症研究所不远的地方。我在想，如果贝蒂能够生活在犹太人社区中心附近，继续与她所熟悉的犹太文化和犹太人接触，兴许会有助于她在一个完全陌生的国家接受人生的新挑战。

尽管如此，我心里还是有一种负罪感。贝蒂在这么小的年纪就随妈妈到处漂泊闯荡——先是在 8 岁时忍受了离别妈妈的痛苦，现在刚刚适应以色列的生活，学会了希伯来语，又爱上了那里的一切，有了一批朋友，却又要被妈妈带到一个未知的、陌生的、兴许可怕的国家。

人的一生中，要做多少我们不想做，但又不得不做的事啊！

我深知，要说服贝蒂去美国，会比当初说服她从珠海来到以色列还难。但我别无退路。

“我已经完成博士学位毕业论文的答辩，很快就要毕业了。”那天晚饭后，我开始了那场艰难的谈话。

“好啊，祝贺你，妈妈。”她不经意地应答道，好像我毕业的事与她无关。

“这也就是说，我们很快就要离开以色列了。”

这下她开始认真了。她的眼睛圆睁着问我：“要离开以色列？为什么呢？我们在这儿不是很好吗？”

我给她解释我们为什么要离开以色列。但是对一个不满 14 岁的女孩来说，我的解释和“道理”并不管用。当听说我打算去美国工作，而且已得到了聘书时，她立刻坚决地喊道：“不，妈妈，我不想去美国。”

我不能理解她为什么如此坚决反对去美国。以色列的生活方式与美国很接近，而犹太人又都熟知美国。我知道她有很多的同学都去过美国游玩，或跟着父母在美国生活过，为什么她对去美国如此反对呢?

我知道，贝蒂从懂事以来，一直支持我每一个阶段的职业生涯，无论是在中国，当我作为一名医生的时候，或在以色列，当我作为一个医学研究人员的时候。她从来没有因为我的工作时间过长、过累而有过丁点的抱怨。

但是这一次情况就不同了。当我告诉她我将带她去美国，她是不解的，甚至是愤怒的。

“你只要在这里找到一份工作，就可以留在以色列。你为什么要到美国去？”她又失望又气恼地问。

“美国是进行医学研究最好的地方。他们有世界上最优秀的科学家。而且，我已经收到了邀请，是一个全世界著名的研究机构。”我向她耐心地解释，希望她像以往一样支持我对事业的追求。

“我恨美国，那是一个丑陋的国家。我有一个朋友住在芝加哥好几年，他讨厌那个地方——那儿充满了毒品和暴力。学生在学校公开吸烟，甚至吸毒。避孕套在校园的厕所里随处可见，男女同学之间的性关系又特别随便。不，我不想去美国。我就想生活在这儿——我哪儿也不去！”

“我们不是犹太人，不属于这个国家，尽管我也很爱以色列。我这样决定也是为了你的前途。你在美国生活后，可以对未来做更多的选择。你知道，你是我的独生女儿，你是我的一切——我做的一切都是为了你！”我急急地，又语无伦次地向她解释。

“你总是说你爱我，但其实你一点也不爱我。你只爱你自己，爱你所谓的事业和追求。如果你真的爱我，你就留在以色列。我喜欢这里，我的朋友和我的生活都在这里。”她随即站起身，向她的房间走去。她非常激动，语气是那样的坚定。

“妈妈，你不要做梦了——我是不会跟你一起去美国的！”她又回过头来对我追加了一句，然后“砰”的一声关上了她卧室的门。

……

在随后的日子里，我不停地在做贝蒂的工作。我告诉她，她现在还小，不能自己独立生活。美国是个像中国一样大的国家，并不是每一个地方都像她同学生活过的芝加哥和那个学校那样。美国也有很多优秀的人、漂亮的地方和很好的老师，像她最喜欢的努瑞特那样的老师。我又告诉她，她可以在她认为的那个“丑陋”的美国先生活几年，等她到了 18 岁，她就可以按照自己的意愿，去世界上的任何地方，中国、以色列、澳大利亚，她可任意地挑选。作为妈妈，我唯一的愿望是为她提供一个生活的机会。等她长大成人后，我不会强迫她住在她不喜欢的任何国家。

我开始了申请美国签证的程序，但一开始没有立即获得批准。那时美国的签证是很难得到的，尤其是对于中国公民。位于特拉维夫的美国大使馆要求我先等待一段时间，直到他们做了所有的背景调查后，才能做出最后决定。中东的纷争使得所有外国大使馆对在以色列生活过的人都严加审查。贝蒂打心底里希望我们的签证申请被拒。只要我没有得到签证，我们将无法赴美。

然而，又过了几个星期，美国大使馆通过了我们的签证申请。于是，我订购了两张从特拉维夫飞往华盛顿特区的单程机票。

这一次，贝蒂真的是绝望了。她试图再次说服我不要去美国，但是发现根本不可能。

贝蒂带着极度的伤心和失望，从家里消失了好几天。那几天，又是我在实验室最忙的时候。每当夜幕降临，我都会望着窗外漆黑的天空，心里焦急恳切地呼喊道：“贝蒂，你在哪里呢？妈妈在等你回来！”

临行的前一天晚上，贝蒂终于在家里出现了。

她慢慢向我走来，低着头，一边抽泣一边对我说：“好吧，妈妈，我和你一起去美国，因为我别无选择。但我会恨你一辈子。你是最狠心的妈妈，是人类有史以来最自私的妈妈！”

看见她终于回来了，我一时惊喜交加，急步上前搂住了她那颤动的双臂。“Sorry——我知道你不想离开以色列，离开你的犹太朋友们。你也许有理由怨恨我。但是，等你长大了，你会慢慢明白的。”我对她喃喃说着。贝蒂有权利，也有足够的理由认为我是世界上最自私的母亲，因为她在小小的年纪，就不得不随妈妈迁移以色列，现在又不得不迁移到地球另一边。但是，我相信，世界上的母亲都是爱孩子的，只是爱的方式不同罢了，而且每个母亲的生活背景和境遇也不尽相同。我相信，贝蒂最终会明白，我对她的爱，和所有的妈妈是一样的。

我紧紧地把贝蒂搂入怀里。就这样，我们母女俩在堆砌着杂乱物品的房间中，紧紧地相拥，任泪水尽情地流淌……

“生活有时是一种无奈。”记不清哪一首歌里是这么唱的。

Chapter 03 在美国

天高任鸟飞

美国是天堂，也是地狱。这比喻一点也不假。

在美国，贝蒂曾经历风雪冰霜，也曾迷失在层层的云雾中，

但最终载着一对在迁徙中练就的翅膀，在蔚蓝广阔的天空中自由飞翔，

成为美国著名医学院里会说四门语言的急诊医生。

提前毕业：向权威挑战

按部就班、循规蹈矩的生活是许多父母对孩子的希望，但在现代社会，这也许是一种奢望或者是失望，因为大多数的孩子是聪明的、敏感的、有自己独立的思想和意识。父母也许应该设身处地地为他们着想。如果不能说服孩子，不如丢下自己的判断和意见，把对孩子的信任和尊重放在首位——让他们自己去体会人生。即使是摔了跟头，他们自己会爬起来，而且步伐会更稳定、坚强！

美国是一个地道的移民国家，学生来自世界各地。每一个学校都设有一个专门的培训班，叫做“英语作为第二种语言”的特殊班，每一个从国外来的学生都要先上这个班，只有通过了考试才可以进入正常的学习。贝蒂在那儿读了几个月，很快就通过考试，与其他的同龄人一起读完初中，顺利进入了高中。

“妈妈，我要和你商量一件事。”那是贝蒂高中第一学年下半学期的一天，我刚刚把车停在我们家门口的停车场，她就对我说，一脸认真的神态。

“有什么事这么重要？等回家再谈不行吗？”我正想起身走出汽车。

“不，我就想在汽车里谈。”她一脸的认真。我知道贝蒂的性格，她喜欢在汽车里和我谈比较严肃和重要的事。

“好吧。”我于是深吸了一口气，尽量做好思想准备。

我意识到这一定不是一场轻松的谈话。

“妈妈，我想提前一年高中毕业。”她平静地说，显然已经经过深思熟虑。

“什么？你要提前一年毕业？”这真的像一个惊雷在我的右耳边震响，我万万没想到她会有这样的想法。但我告诫自己要冷静，不能发火，所以我尽量理智地对她说：“你刚刚来到美国两年，高中正常的功课都很难跟得上，你怎么可能提前毕业呢？”

“我知道我现在的成绩不是很好，但这没有关系。我也不想要高分，我只要功课及格就行。我已经全面了解过了，如果我今年暑假修完几个课程，然后寒假的时候再上几门课，平时每周再上一些夜校，这样我就可以把高中所有的必修课程都在明年一年内修完，明年夏天我就可以从高中毕业了。”看来她已经进行了可行性调查。

“这也就意味着，今年的暑假我几乎没有一天的休息时间，更不可能去旅游，你知道我是最爱旅游的了。”她又追加着说，像是要博得我的同情。

“你为什么想要提前毕业呢？大多数高中生都希望在高中时修完一些大学的课程，这样可以提早学到知识，也可以减少上大学以后的费用，因为在美国，从小学到高中是免费的，但是大学的学费是很贵的。”

“不——这绝不是我想走的路。我想越早离开这儿的高中越好。我发现我比我所有的同学都成熟得多。在美国与我同龄的学生都太幼稚了，他们上课时互相打闹，说一些很愚蠢的话。我很不情愿跟他们在一起。我不想继续上高中了，我要去上大学。上了大学就有选择的机会，你愿意学什么就学什么，也没有人强迫你做你不愿意的事情！”

“选择”，又是这个词！我这个女儿，自从到了以色列，就崇尚自由，喜欢自己做决定。但是，她毕竟还年轻，也许还不知道如何选择生活！

“我已经跟学校说明了我的想法，但他们要妈妈同意才行。所以我希望你支持我的决定。”

“但是，我并不认为提前毕业对你是一件好事！我不知道我会不会同意你的想法。”我一字一句地说。

“妈妈，我再说一遍，我希望你支持我的想法，并同意跟我去学校说服我的老师，这样我明年就可以从高中毕业。不然的话，我就中途退学！反正我讨厌这个高中，你看着办吧！”

说完，她离开了汽车，把我一个人呆呆地甩在那里。

在美国，我经常听说谁谁是高中辍学的，然后一辈子很难再弥补那种损失，因为所有的大学都要有高中文凭才能申请。“退学”是不是意味着，她不想要高中文凭了？我的女儿就要成为一个高中辍学生了？

想到这些，正值温暖的初夏，我的身上却不由自主地起了一身寒冷的疙瘩。

我在脑子里竭力去寻找，我当初那个“听话”的女儿去哪里了呢？她的这种不同寻常的性格是生来就有的，只是在中国时被压抑了，而到了西方世界就自然而然地被释放了出来，还是这片西方世界的土壤，彻底改变了她？

虽然极其失望，但我别无选择，只好支持她提前毕业的想法。

贝蒂在前面走着，迈着坚定又欢快的步伐。我在后面远远的，不情愿地跟着她。我只看见她的后背和那飘逸的长发。她与学校的辅导员约好了，我们要去谈她提前毕业的事。

“妈妈，快点走啊，我们要迟到了。”她不时回过头来督促我，一脸兴奋和期待。

这场战役她又打胜了。

这情景不由让我想起几年前我牵着她的小手，走进斯宾扎克小学。现在的情况是多么的不同了，是贝蒂在领着我去她的学校，并告诉我该如何去做！正是放学的时候，学校的高中学生们一个个欢呼跳跃着从教室里奔涌出来。我的心却轻松不起来。我这是第一次到学校来见她的辅导教师。

沃尔特•约翰逊高中始建于 1956 年，是蒙哥马利郡公立学校系统（MCPS）的一部分。这所学校为纪念已故的华盛顿参议员、棒球投手沃尔特•约翰逊，以他的名字命名。学校坐落在华盛顿郊区蒙哥马利地区的贝塞斯达市区，在 50 年代末和 60 年代初，学校周围尽是农田和家畜，现在却布满了高楼大厦。这所高中曾被评为“美国最佳公立高中”之一。

这所学校的亚洲学生占百分之三十左右，是很多人求之不得的学校。当初为了贝蒂能上这所知名的学校，我不得不在学区内租了一个比较昂贵的公寓套房。但她现在却说不愿在这儿上学，而且主要原因是高中的学生太幼稚！

贝蒂领着我走进了一间很大很明亮的教师办公室。老师们大多正在忙碌，桌子上堆满了文件和书纸。这点和我所熟悉的学校一样。在这个大办公室的左边，有一间很小的办公室，贝蒂示意我走进去。这显然是贝蒂的辅导员莫丝的房间。

“莫丝，这是我的妈妈。”贝蒂向一个大概有50多岁，一看就很有经验的辅导员介绍。我和她握了手。莫丝让我们在那个狭小的、堆满东西的房间里坐了下来。房间很昏暗，只有一扇小小的窗户对着走廊。

莫丝开门见山地对我说：“贝蒂想提前一年毕业，这根本就不现实。她从以色列转学来美国才不到两年的时间，她在美国学校学到的东西比其他的学生要少得多。我要是你，应该让她在高中多学一年才对，而不是少学一年。在高中多学点知识，为将来打好基础。”

我的心里一阵欢喜，这个辅导员和我的想法一模一样。我可是从来没有见过她！但我看见贝蒂的脸色显示出极度的失望。这些年来，我已经学会了读自己女儿的脸色。我常常不用说话就能知道她在想什么，高兴还是不高兴。

“更何况，高中的学习是免费的，而大学的学费很昂贵。”莫丝又加了一句。这话更是说到我的心里去了。因为，上大学的费用是很高的，每一个学分要好几百块美金。为何不像大多数学生一样，在高中享受免费的学分呢？

“但我根本不在乎学费——我只想提前从高中毕业！我最多只能再忍受一年，而不是两年！”贝蒂从紧绷着的嘴里吐出这几句话来。

“你光想有什么用？即使我同意了，这对你也不现实。要拿到高中毕业文凭，你要修满所有的必修课，而且要考试通过才行。这对于一个在美国出生的人都很困难，何况你才来美国两年的时间？而且，看看你的成绩，比大多数学生差远了。现在已经快到暑假了——你想明年就学完所有的课程，并通过所有高中生的必修课考试？这简直是天方夜谭！”

“那么，如果这个天方夜谭能够变为现实——如果我能够在一年内得到所有这些学分呢？你会让我毕业吗？”贝蒂的嘴里又一字一句挤出了几句话。

“这是不可能的——你不可能在这么短的时间内拿到这么多学分——我也不可能同意你的计划。我不会为你签字的。”莫丝的语气是如此的坚决。我真想上前去给她一个拥抱！她帮我做了我想做而没有能力、也没有威力做的事。

但是，与此同时，我又担心最终真的会有个“高中辍学”的女儿！

几分钟的沉默。我感到空气中凝固的火药味。

贝蒂坐在那儿，仍然嘴唇紧闭，眉头开始皱了起来。我可以听得见她的心跳。

“但是，如果我主意已定，仍然想要提前毕业呢？”贝蒂的语气是那样的坚定，千牛万马也不会让她回头！

“那你去找校长好了。在这所中学里，只有他一个人可以否定我的决定！”

“好吧，我去找校长。怎么跟他联系？”贝蒂问。

“你可以在学校办公室得到他的联系方式。但是我警告你，你去找他也没用。他的意见会和我一模一样——他不会同意你提前毕业的！”

“好吧，我要去见校长先生。谢谢你的时间和忠告。再见！”极度失望但仍然充满自信的贝蒂扭头离开了莫丝的房间。我向莫丝道了谢，那是一种发自心底的谢意！

只见贝蒂去到大办公室的一位老师那儿，抄下了校长的电子邮箱。

当我们一起走出办公室的时候，贝蒂对我说：“妈妈，不好意思，可能你还要再来一趟这里，去见我的校长。”她的语气坚定，充满一种必胜的信念。

几天后，我又再一次跟着贝蒂来到了沃尔特•约翰逊高中，这次是来见校长先生。

校长是个头发有点花白，一看就很有风度、很有知识的男人。我心里紧张地期望着，校长会像莫丝预测的那样，一口拒绝贝蒂提前毕业的要求。

校长礼貌地让我们两人坐了下来。

“告诉我，贝蒂，你为什么要提前一年毕业呢？”他问。

贝蒂用一分钟的时间清晰明了地回答了这个问题。

“那么，告诉我，你怎么能够在短短一年的时间里，完成两年的课程呢？你要知道，这对于一个在美国出生的优秀学生，都是很困难的。”他的言下之意是，你才来美国两年，你的英语比其他同学要落后一大截，你怎么可能成功呢？

“我明白你说的道理，对我来说，达到这个目标会很困难，但也并不是不可能。这个暑假，我哪儿也不去玩，我要把每天都用来学习、赶课程。下学期，和再下个学期，我要白天上学校正常的课，晚上和周末再去上夜校，然后到了明年的夏天，我就可以修完所有的必修课程。”说着，贝蒂拿出了一个笔记本，“我已经做好了所有的安排。你看，这是我准备的课程表。”

校长先生看了看贝蒂笔记本上密密麻麻的文字、时间和课程表格，转过头来看着我问：“你真的同意贝蒂提前一年毕业吗？”

这时，贝蒂的眼睛也期待地转向了我。看样子，校长已经被她说服了，只需我这个做妈妈的表态了。

怀着一种极其复杂的心境，我对校长点了点头。

如果我今天能够冷静地分析一下我当时的心境，应该说，我有百分之八十的失望，但也有百分之二十的释然——因为给贝蒂一个努力一年的机会，总比她高中辍学要好得多！

校长拿起笔，在贝蒂递过去的提前毕业申请书上签了名。

“谢谢你，妈妈。你放心吧，我不会使你失望的！”走出校长办公室，在楼前那个大停车场上，贝蒂满意地、激动地拥抱了我。她希望提前毕业的愿望终于实现了，下一步，要靠她自己的努力去维护她的诺言和尊严！

如果说我们生活的这个世界有一样东西是公平的，那就是时间。时间不会因为你的富有而过多施舍给你，也不会因为你的贫穷而嫌弃你。时间是金钱买不到的，时间又是生命对你无偿的赏赐。时间似流水，永不停息，时间又像前进的列车，永无尽头。它会像大海一样的宽厚，也会无情地催人老，残酷地使人抱憾终身。但对于勤奋努力的人，也能在很短的时间内，绘出壮丽的画卷，写下不朽的诗篇。

小时候，我最喜欢读朱自清的散文《匆匆》，它那么优美，又给人人生的启发：“洗手的时候，日子从水盆里过去；吃饭的时候，日子从饭碗里过去；默默时，便从凝然的双眼前过去。我觉察他去得匆匆了，伸出手遮挽时，他又从遮挽着的手边过去，天黑时，我躺在床上，他便伶伶俐俐地从我身上跨过，从我脚边飞去了。等我睁开眼和太阳再见，这算又溜走了一日。我掩着面叹息。但是新来的日子的影儿又开始在叹息里闪过了……燕子去了，有再来的时候；杨柳枯了，有青的时候；桃花谢了，有再开的时候。但是，聪明的你告诉我，我们的日子为什么一去不复返呢？”

有时候我真的难以想象，在贝蒂这么柔弱的身子里面，竟然蕴藏着如此巨大的动力——一旦做出决定，就勇敢地往前走，没有回头的路！

像奇迹一样，在一年的时间内，贝蒂竟然修完了高中所有的课程。一年的时间里，她几乎没有看过一场电影，很少参加同龄女孩通常参加的娱乐活动，她每天就只做一件事：学习，学习，学习。上课、做作业和考试成了她生活的主旋律，我还从来没有见过她如此的用功！

白天的课程在沃尔特•约翰逊上，那儿离我们的住处不远。但是暑期班和夜校，要去一个离我们家很远的学校，很偏僻，周围也很不安全。而且，去上暑期班的，都是在学校跟不上功课的，或者是留级生。很多学生都是被家长逼迫来上课的。也有很多学生的年龄已经很大，留级了好几年的了。每次她上夜校，我都送她去，然后接她回家。在车上，她会告诉我夜校中发生的事情。学生互相吵闹、打架的事时有发生，甚至有的时候还会动刀子威胁对方。我有一次看见好几辆警车停在学校的大门口。

看见警车的那一天，我终于对她说："我看你就不必去上夜校了吧？"

"妈妈你说什么？我当然要坚持去，而且一天也不能旷课。"

就这样，整整一年的刻苦攻读，熬过了多少不眠的夜晚，忍受了多少不解的白眼，她终于修完了所有的必修课程，通过了考试，比她所有的同龄人早一年从高中毕业了！记不清多少个夜晚，我熄灯睡下，她还在灯下做作业。又有多少个早晨，我轻轻地抚摸着女儿的脑袋，不忍心又不得不把趴在书桌上沉睡的她叫醒。

这一天就要来到了——她就要毕业了！贝蒂激动万分，又无比的骄傲。是啊，自己辛勤劳苦而耕作出来的土地，现在结出了甜美的瓜果——她是值得为自己骄傲和自豪的。

只有在一条长长的黑暗隧道中艰难跋涉过的人，才真正懂得阳光的珍贵。这话一点都不假。

高中毕业典礼就要在离学校 15 英里华盛顿特区最大的音乐厅内的 DAR 宪法大厅（DAR 是英文"美国革命的女儿"的缩写）举行了。1928 年 10 月 30 日，卡尔文•柯立芝夫人用乔治•华盛顿铺设在国会大厦的基石为这个大厅奠基，1929 年在这儿举办了第一场音乐活动。后来这个大厅被指定为国家历史地标建筑，每年有超过 50 万人来这儿举行盛大的纪念仪式。蒙哥马利郡公立学校每年都在这个壮丽辉煌的大厅里举行高中毕业典礼仪式。尽管只是高中毕业，大多数的学生要继续进大学深造，但这是人生一个重大的里程碑。美国人一般把毕业典礼都办得很隆重，这样的仪式是全家的几代亲朋都要去的。

而正当贝蒂期待着我去参加这个激动人心的典礼的时候，我在国内的父亲突然病危住院了。我多么想回去在他的病床前尽一份女儿的孝心。但是，贝蒂的毕业典礼近在眼前。而且，如果我回了中国，因为签证困难，可能还要冒着不能按期回到美国的风险。贝蒂所有的同学都有很多家人相伴，父母、爷爷奶奶、叔叔阿姨、兄弟姐妹，都会去参加这个隆重的仪式。而作为单亲母女，贝蒂只有我一个亲人在美国，如果我回了中国，就没有一个人去参加贝蒂的典礼了！

那是一种多么艰难的选择啊！

“妈妈，我懂得你担忧外公的心情，我也很为外公伤心。但是，外公在家里有很多人照顾，而我在美国就只有你一个人——你要是走了，我就像个没有任何亲人的孤儿一样……”贝蒂转过脸去，不想让我看见她那奔涌的泪水。贝蒂一向是那么坚强和泼辣，她可以忍受很多人难以忍受的痛苦，但是，在触及心灵深处那根敏感的神经时，她又是那么脆弱和细腻。

我何尝不想去参加她的高中毕业典礼——但是，想起亲爱的父亲的生命之光也许很快就要熄灭，我还是买了飞机票，在贝蒂的毕业典礼前三天离开了华盛顿。

当她独自一人在宪法大厅领取毕业证书时，我正在南京的家中，痛悼父亲的逝世。

在毕业典礼上，莫丝走向本该是明年毕业的贝蒂，激动地搂着她的双肩说：“祝贺你，贝蒂。你是我教过的学生中最特殊的一个——你创造了一个奇迹，也给我上了一堂生动的课。”

莫丝也许忘记了，或者根本不知道，这个中国学生贝蒂，是在以色列长大的！

但我做梦也没有想到，贝蒂在高中一年级的时候，曾经逃了无数次课！孩子逃学是家长最惧怕的事，没有一个家长会看轻这个行为。但我却对她的逃学一无所知，我哪里会知道每天早上她背着书包并不是去学校，而是去逛商店，或是去同学家玩！

多年后有一天在整理她抽屉里的东西时，发现了一个牡丹花封面的四方形纪念册，第一页是一个塑料透明袋，里面夹着十几页用电脑打印出来的沃尔特•约翰逊中学“学生缺课记录”，从 2004 年 9 月到 2005 年 5 月间，贝蒂旷课、迟到的次数竟数不胜数！其后的彩色纸张上面贴满了贝蒂手写的请假条，数了一下，足足有 28 张！

每一张请假条上都有我的签名——那全都是贝蒂模仿我的字迹签的名！她请假的理由是各种各样的，但大多数是以“生病”为借口，例如：

亲爱的老师：我女儿今天早上肚子疼痛，我要带她去看医生，特此请假，请批准。

贝蒂的母亲靖

而我这个真正的母亲靖对这一切全然不知。

滑稽的是，她的老师在她高中毕业时，不但把她所有的请假条全部用彩色纸张装订起来，而且分别写上评语，并在最后一页醒目地写着：

不管你制造了多少个假病假条，我仍然为你骄傲！

威廉女士

从打工中得到历练

在饭馆打工，恐怕是年轻大学生们打工生涯里最普遍的方式。打工的目的之一，当然是为了挣点钱，而挣钱的目的，有的是为了自己零花消费，有的是为了旅游，有的是为了贴补学费。但是，打工的真正意义和收获，并不在于挣钱。打工生涯往往是人生第一次接触社会，第一次体验生活，第一次自食其力，第一次独立思考，是一次非常难忘的经历。有人甚至说，是那短暂的打工生涯铸就了他们一生坚韧的性格，帮助他们选择了正确的人生道路。

贝蒂的打工生涯还要追溯到她 11 岁的时候，一开始是给我的同事噶布蕊娜照顾花园。我的一个博士后的同学，要去亚洲旅游一个月。这个德国姑娘最爱好植物，独自租了一个带大花园的别墅，花园里种满了各种花草。以色列常年天气炎热，每天必须给花草浇水。

“请，我想让贝蒂帮忙给我的花浇水，每天一次，一共要浇 30 次，你看行吗？”她问道。贝蒂也很爱花草，而且噶布蕊娜的家又在她上学的必经之路上。我相信贝蒂会同意的。“当然。”于是我爽快地为贝蒂答应了。

“我会付给她工钱的——100 锡克尔（相当于 162 人民币）。”噶布蕊娜又说。

“不，贝蒂不会要你付钱的。只是帮忙而已。”我急忙说。朋友之间帮忙还用付钱吗？这不是太见外了！但这个从西方长大的姑娘执意要付贝蒂工钱，否则她说她会找别人浇花。

“100 锡克尔？太好了！”当我把这事告诉贝蒂的时候，她两眼发出兴奋的光芒。后来我才知道，在以色列，家长或朋友让孩子干活并付酬金，是司空见惯的。

贝蒂认真履行了她的承诺，每隔一天，放学前都会先去浇花，常常汗流浃背，衣服上溅满了泥点。噶布蕊娜回来后，只见花开茂盛，绿草茵茵，非常满意。“贝蒂把我的花养得太好了。”她满意地说。但她却忘了她许诺的工钱。贝蒂一直在期盼着。“噶布蕊娜怎么还不付钱？”过了很多天后，她终于忍不住问。

“噶布蕊娜也许是忘记了——但是，我们本来也没有期待她付钱。你知道，你也不缺钱用。妈妈什么都会给你的。”我对贝蒂说。

过了几个星期，噶布蕊娜把一张 100 元的以色列钞票放在我的桌子上：“太对不起了——我怎么忘了付贝蒂的工钱。告诉她，我非常感谢她把我的花照顾得这么好。”

这是贝蒂第一次通过自己劳动挣得的钱。我看到她把那张票子珍惜地放进床前的小抽屉里。

来美国后，贝蒂又应我同事和朋友的要求，放学后或周末做“baby-sitter”（看孩子，大概 10 美元一小时）。

刚踏进大学门槛的贝蒂，告诉我要停学一个学期，去以色列看望她的朋友。我万分理解她的愿望，但是，我希望她首先完成学业。一旦她大学毕业，我会资助她去以色列，想住多久住多久。然而性格倔强的贝蒂不想等那么久。

“好吧，你可以去，但你必须自己去挣钱买飞机票。”我用这个大多数家长惯用的方法，叫做“艰难的爱”，企图让她听从我的安排。

“好吧，我不要你的资助——我自己打工挣钱！”从那天起，每天放学后都见不到她的人影。她开始在饭馆打工了！

贝蒂第一家打工的饭馆是美国最普遍的“煎饼餐店”，在离我们家开车只有 10 分钟的地方，也是她每天上学放学的必经之路，所以很方便。因为她才刚满 17 岁，这个年龄只能做前台招待，迎宾送客，要等到 18 岁后才能够做女招待，报酬是每小时 6 美金。

美国的饭馆极多，尤其在我们的住处附近。各个国家、各个风格的饭馆都有，意大利餐馆、法国餐馆、西班牙餐馆、希腊餐馆、南非风味的餐馆、地中海风味餐馆、阿拉伯餐馆、印度餐馆、越南餐馆、韩国餐馆、泰国餐馆、墨西哥餐馆等应有尽有。

中国餐馆尤其多，有上海风味的、四川风味的、湖南风味的、广东风味的，可见我们附近的中国人也很多。所以在饭馆打工很容易，但被“解雇”的可能性也随时存在。

“妈妈，我刚刚炒了我们老板的‘鱿鱼’！”有一天，贝蒂兴奋地在电话里对我喊道。她那时正在一个美国风格的饭馆打工。

“你炒了你老板的鱿鱼？你不是说老板很喜欢你，照顾你吗？”我不解地问。

“是啊，就是因为他太喜欢我了——他今天趁我不注意，在我的工作服口袋里放了一块手表，把我气坏了。我把手表还给了他，骂了他一顿，脱下工作服，就离开了。哈哈，我好开心！”

尽管我这次也好开心，但仍然想，如果这事发生在我的身上，我处理的方式也许会不一样。

好在贝蒂聪明伶俐，又长得漂亮，找饭馆的工作对她来说不费吹灰之力，常常是第一天离开了一家餐馆，第二天就去第二家餐馆上班了。我们家附近不到10公里的地方就有几十家餐馆，一年中她曾在其中5家餐馆打过工！贝蒂第二个打工的餐馆是一个中餐馆，叫“PF- Changs”，实际上是一个很西化了的中餐馆，但是很多菜的味道仍然很地道，也有很多泰国和新加坡名菜。那时候她刚刚满18岁，开始在饭馆做女招待。

“妈妈，今天我被老板炒鱿鱼了。”那天，她高声地在电话里对我说。

“为什么呢？”我心里有些失望，因为这是家很有名的西式中餐馆，我爱吃那儿好多道菜，而她可以每天以半价给我带一份菜回家。以后就没这种好事了，我对自己说。

“今天来了一对男女客人，我对他们笑脸相迎，有求必应，他们却阴森着脸，让我花了10分钟的时间把菜单上所有的菜都对他们说了一遍，但他们还是拿不定主意。然后，那个男的想要一种法国牌的红酒，我说我们饭馆没有这种红酒，他坚持要我想想办法。我有什么办法好想的。看着他那冷冰冰、无礼的样子，我对他说，对面有一家意大利餐馆，你应该去那儿吃饭。这下把他气坏了，跑到我老板那儿告我的状。我老板逼着我给他赔礼道歉。向那个粗鲁无礼的人道歉？我才不干呢。于是老板告诉我，我被解雇了！我把工作服一脱，离开了那里。”

我的这个女儿，从来是想什么说什么，眼里容不下一粒沙子。要她委曲求全，忍气吞声，那是不可能的。

我心里在赞赏贝蒂敢说敢做、不向权威低头的秉性。我只是遗憾今晚吃不到美味的半价菜了！我想起自己这一代人，有时不得不忍辱负重、委曲求全。比起她的母亲来，她是多么的幸运啊！

在饭馆打工的招待员是要看客人的脸色行事的。招待员一般没有工资，或者只有一小时2美金左右的报酬，所以他们的收入全靠小费。而小费是客人自愿给的，没有硬性的规定，如果客人不给小费，你也就没有办法。有时候伺候了一大桌人，忙了大半天，客人不给小费，或给得很少，那也只好自认倒霉。

招待员是要有忍气吞声、忍辱负重的心理准备的。客人能对你无礼，而你是不能对客人无礼的。

那时她白天在上大学，晚上和周末去餐馆打工，常常一个班要上11个小时。从学校上完课就直接奔往饭馆，然后到深夜才回家，无论是在炎热的夏季，还是在冰封雪冻的季节。我们住的地方，不是特别安全的地方，尤其她晚上回家的时候，要穿过一片大的停车场。晚上我常常在家不安地等候她回来。华盛顿的冬天非常的寒冷，我摸着她那冻得像冰块一样的脸颊，心里有一种内疚的感觉。毕竟，她那时才刚满18岁啊！

在饭馆挣到的钱有时也是可观的，一般一天100~200美元，但有一次轮班她竟然赚了500美金！几乎打破了以往在别的饭馆招待一天所得收入的纪录！

但是，这钱也不是好挣到的。“妈妈你看——”她脱掉上衣，给我看她的手臂，她的左手臂内侧，从上到下一片红肿。她又脱下鞋子，我看见她那雪白的袜子上有很多黄色和深红色的印迹，脱下袜子，她的双脚上布满了大大小小的血泡——做妈妈的，真的是看在眼里，疼在心上。多少次，我想对她说：“算了，你不要这么吃苦了。我给你买机票去以色列。”但我还是忍住了。“严厉的爱”，我想起这个常用来描绘父母对子女关爱的词。

那年，她真的用她打工的收入，她自己挣的钱，买了飞机票，并承担了一切有关的费用。她还还了我给她买汽车的3000美元。因为我们有协议，我用6000

美元给她买的汽车，她需要付一半。后来，她的功课实在太紧张了，尤其是当她决定要报考医学院后，根本就没有可能再去打工。但我相信那段经历带给她的益处，是她一生受之不尽的。

令我惊喜的是，学期结束，她在大学上的所有功课，包括动物行为学、生物化学、遗传学免疫学、癌细胞生物学、化学、病毒学、分子微生物学、生理学、植物生物学等等，每门功课全是满分，所以当之无愧地上了学校“优秀学生”的光荣榜。但是，在学校举行盛大的庆祝典礼发放优秀学生证书的时候，贝蒂却在以色列与她的朋友们在特拉维夫的海滩上狂欢，我去学校为她代领奖状。

我把那朵深红色的玫瑰花放在印有她名字的光荣榜上，照了一张相给她发了过去。

迷途

孩子成长的道路不可能风平浪静。社会的影响有时比家庭的影响更大，尤其是在美国这个世界的大熔炉里。当孩子遇到挫折，或者犯错误，甚至是极端严重的错误的时候，我们要认真地反省，耐心地，充满爱和希望去等待，去相信——当迷路的孩子终于找到了一条光明出路的时候，她或他就再也不易在人生的路上失落，也许因此会更加勇敢和自信。

美国国立卫生科学研究院的临床中心坐落在华盛顿特区郊区马里兰州一个叫Bethesda的小城市里。献血中心有很多张床。贝蒂躺在专门为献血者准备的洁白的小床上，神情安逸。护士卷起她的袖子，露出她细弱的手臂。有着一头金发、和蔼的中年护士望着她尖尖的下巴，不乏怜悯地说："贝蒂，你太瘦了——你不该来献血的。"贝蒂微笑着感谢她的好意："我很健康。你放心地抽吧。"护士叹了口气，无奈地、小心翼翼地把粗大的针管插进贝蒂手臂的静脉里。鲜红的血液从贝蒂的体内流入橡皮管，再进入吊在支架上的玻璃瓶子。这些血液会被储存在血库里，然后供给那些急需血源的病人。

当500毫升的血液从贝蒂的体内抽出后，贝蒂连护士给她送来的鸡蛋面包也来不及吃，就赶紧开车一个小时去马里兰大学上课。在中国献血一般只输250毫升，但在美国一次就要输500毫升，而且连休息的时间都没有，并得不到一分钱的报酬。她这样做了很多次，为她即将服务的急诊病人贡献了几千毫升的血液。

圣诞节是美国最重大的节日。每年的圣诞夜，华盛顿特区街头上无家可归的流浪者们都会收到许多好心人赠送的衣服、食物。2003年的圣诞夜，贝蒂和她的好朋友亚艾尔也加入了这个为穷人送寒衣送温暖的队伍。华盛顿的冬天常常是冰天雪地、寒风刺骨，她们俩乘地铁到家的时候已经是近午夜了，两张冻得绯红的青春的脸上充满了激动的神情。我把她们那四只冰冰凉的纤细的手握在我温暖的掌心里，不由得想起几个月前发生的一件令我终身难忘的事情：

那是初秋的一个阴雨绵绵的下午，我正在我们居住的两室一厅的公寓里做饭，那天我特意回家早了一点，准备做几个菜招待女儿。突然，电话铃响了。那个电话是我今生今世最不愿意接的一个。直到今天，我的亲戚朋友中也很少有人知道这件事。

“你好。你是贝蒂的母亲吗？”是一个陌生的男人的声音。

“是，我是。你是谁？”

“我叫约翰，是蒙特歌尔区的警察。”这个男人用一种低沉的、硬邦邦的声音说道。

我的心跳猛然停了一下，但我仍竭力控制住自己：他是警察？警察为什么要找我呢？

“你的女儿贝蒂和她的一个朋友试图把一些衣服从梅西百货里带出去，没有付款，被我们发现了。她现在在商店的警察办公室里。”

不付钱把衣服带出商店？那不就是偷窃的行径吗？贝蒂怎么成了小偷呢？我们一家几代人一直真诚做人，还从没有发生过这样的事。我又震惊又气愤，不知是如何开车去到梅西百货的。

梅西百货是一个很大规模的连锁店，属于中低档日用品商店，经常有大的拍卖，也是我们中国人常去的地方。但我这次不是去采购物品，而是去看望被商店警察扣留住的贝蒂。

穿过一个热闹的、摆得琳琅满目的柜台，一个商店警察带着我向地下室走去。穿过一间间黑暗的房间，我被带到了一个很小的办公室里。没有窗户的办公室用日光灯照明，两个女警察坐在一张长桌前，面对着办公室的门，在房间的左右角落里各放着一张长凳子，垂头丧气的贝蒂坐在一张长凳上，她的同学亚艾尔坐在另一张长凳上，脑袋下垂着，也是一副沮丧的样子。虽然不是监狱，但这个房间的氛围简直就像是监狱一样。

一个身材魁梧的黑人警察阴森着脸让我在她办公桌对面的椅子上坐下，感谢这位警察，否则我也许要昏倒。她把一个梅西百货的塑料包放在桌子上，并用手指从里面勾出了一个红色的比基尼胸罩，又薄又小，还有一条红色的三角短裤。她说："这是贝蒂企图不付钱就从店里拿出去的衣服，我把她拦住了。因为她只有 14 岁，我们不会对她严加处理。作为她的妈妈，你的面前有两个选择：让我们把她带走，拘留几天。如果你不想我们把她带走的话，你需要付双倍的钱把这个胸罩和内裤买下来，然后要签订一份保证书，你今天就可把她带回家。"

没有任何犹豫，我急切地问："我要付多少钱？"别说两倍的钱，就是 20 倍的罚款我也毫不犹豫。我不能让这些警察把贝蒂带到劳教所去。

"胸罩和内裤一共 129.99 美元——260 美元。"女警察回答道。

我拿出我的私人支票，签了字，交给女警察，并虔诚地感谢她的宽容。她拿出一份保证书让我签字，主要是让我保证贝蒂在一年内没有我的监护不许再进梅西百货。我立刻在上面签了字。

然后贝蒂跟着我走出了那间冷森阴暗的地下室。上了楼梯，立刻进入了灯火辉煌、琳琅满目的梅西百货，我在人群中穿梭，急急地向停车场走去，好像周围有无数双眼睛在盯着我看，在指指戳戳说我是小偷的妈妈。在别人面前感到如此羞辱，这在我还是第一次。我在前面走，贝蒂在后面不紧不慢地远远跟随着我，她的脑袋一直是低垂着的。

终于走出了繁华的梅西大厅，我打开车门，"腾"地一下坐在驾驶位上。贝蒂也打开车门上了车。这时我再也忍不住了，震惊、失望、痛苦、羞耻、憎恨、后悔、焦急的感觉统统涌上心头。我转头看着贝蒂，话还没说，眼泪就先涌上了眼眶："你……你……你，怎么能做这样的事？"

"妈妈，你不要这么伤心好不好？我的很多同学都经常从商店拿东西。我常常感到奇怪，她们从商店拿了那么多东西，为什么没有被发现。我也想亲自试试。亚艾尔也有同样的好奇。从商店拿走衣服不用交钱——这太好玩了。再说，那个胸罩也太诱人了，又那么贵，我想你是不会同意给我买的。我只是试试看这有多好玩！"贝蒂仍然低着头，轻轻地说。她知道，我一向尽量满足她的要求和愿望，不论是学习还是户外活动，但这些没有必要的价格昂贵的衣服，我是不可能同意给她买的。

“但是，我会满足你所有的要求，你要买什么都行，只要你不再做这样的事。不属于自己的东西，绝不能拿！”我泣不成声地对她说，“你也很快就可以独立了，你就可以靠自己的能力去挣钱，满足自己的需求。”

“妈妈，对不起，真的很对不起——我不知道你这么难受。我只是好奇，只是想尝试一下——你知道我对所有的事都想弄个究竟，为什么美国的商店会这么容易把东西拿出去？为什么那么多的同学都这么做，也没有被发现？现在我知道我错了。你放心吧，这种事再也不会发生了！”她紧紧地搂着我颤动的双肩，眼泪打湿了我的脖子。

那天晚上我做了一个噩梦。我带贝蒂去参加一个孩子的聚会，她正在快乐地与来自各个国家的小朋友们跳橡皮筋玩。她跳得满脸通红、汗流浃背。我突然看见，她的前胸后背都用黑色的墨笔写上了“小偷”。我气愤至极，冲进人群，抓着她的胳膊喊道：“是谁在你的T恤上写的字？”“是那个房间里的一个女人。”贝蒂指着附近的一栋楼房说。“带我去找她。”我大声叫道。贝蒂带着我走进了一个乌烟瘴气的房间，指着一个正看着我们哈哈大笑的中年女人：“就是她！”我恨不能走上去把她撕得粉碎！但我什么也没说，只是立刻把贝蒂带出了那儿。我把她带到了一个露天用的水龙头边，一点一点地把她那些肮脏的字迹洗净，我的眼泪随着那黑色的墨水在地上流淌。

那天当我正在保证书上签字的时候，亚艾尔的父亲母亲也来接女儿了。我正想与他们打招呼，他们却恨恨地把头转了过去，不和我说话。在那天以前，他们一向是很喜欢贝蒂的，也对我很友好。我去她们家接贝蒂的时候，他们会热情地与我寒暄。亚艾尔和贝蒂是同班同学，从第一天见面就成了好朋友。

亚艾尔的父亲是一个商人，从以色列来美国做生意。他们家在华盛顿附近波托马克的富人区内，是一座三层楼的小洋房，一楼的会客厅里放着一个黑色的三角钢琴。相反的，作为一个单亲母亲，虽然我在国家卫生研究院有一份很高尚体面的研究工作，但却收入微薄。为了让贝蒂进一个好的学区，我用一大半的工资租了一个好学区的公寓，所以贝蒂才与亚艾尔进了同一所中学。贝蒂想继续学钢琴，但我们家没有钢琴，所以亚艾尔就邀请贝蒂去她家弹钢琴。常常是贝蒂放学后就跟亚艾尔乘校车去她的家，两个小姑娘一起做作业，一起唱歌弹琴。我下班后就去亚艾尔家接贝蒂回家。我有时敲门前会站在门外，静静地听着屋里传来的优美的琴声和欢笑声，我的心也因此充满了音乐和欢笑。

亚艾尔的父母坚信这是贝蒂的主意，是贝蒂让他们的女儿从商店“拿”东西。他们把罪过推在贝蒂身上，从此不再让贝蒂进他们的家门。这很遗憾。但值得庆幸的是，两个女孩的友谊并没有间断。她们喜欢在一起。她们都说希伯来语，也有共同的爱好：音乐和体育，当然也喜欢一起逛衣服店。亚艾尔的家去不了了，她们就在我家聚会，我从来不会提起那段不光彩的事，也从不歧视她们。贝蒂15岁生日的时候，她们一起做蛋糕，一起准备晚餐。但亚艾尔从来没有告诉她父母这些事。

直到今天，很多年过去了，亚艾尔的父母仍然憎恨亚艾尔的行为，经常提起那件事来羞辱亚艾尔，他们也视贝蒂为小恶魔，一个坏女孩。“我恨我的父母。我不会告诉他们任何事——他们什么也别想知道。等我到了18岁，我就可以自立了，那时我就不用和他们生活在一起了。”亚艾尔常常这样对贝蒂说。

贝蒂和亚艾尔上了高中后，不在一个学校了，但两人仍然常常见面，而我则成了她们聚会的“专职司机”。我会去亚艾尔的家里把她接出来，把她们送到她们想要去的地方，或者把她们带来家里，然后再把亚艾尔送回家。我会把车远远地停在她家门口，看着她推门进去，才放心离去。可怜的亚艾尔，回家后还不知要如何对她的父母编故事。

上高中以后，亚艾尔开始抽烟，有时抽得很厉害。“我告诉她尽量停止抽烟，因为抽烟会得癌症，但她不听。我也告诉她要保护自己，因为性病在我们的学校很流行。有时我会为她担忧。”有一次我们在逛商店的时候，贝蒂对我说。“她的妈妈知道这些事情吗？”我问。“当然不知道了。亚艾尔的父母对自己女儿的生活一无所知。亚艾尔也已经习惯了编造故事告诉他们。她很会编故事，所以她的父母从不知她在学校的真实表现。”

亚艾尔后来随她的父母回到了以色列。贝蒂在2009年去以色列探友，那是她自从来到美国后第一次回到以色列。她和亚艾尔在一起玩得很开心，并给我寄了很多照片。当时亚艾尔已经成了一个又高又漂亮的女兵了，穿着绿色的军服，很威武。

“你看见她的父母了吗？这么多年过去了（6 年），他们应该相信你和亚艾尔都已经长大了吧。”我微笑着问贝蒂，只是出于好奇。

“才不呢——亚艾尔的父母永远也不许她去见那个恶魔女孩‘贝蒂’。”贝蒂微笑着说，但我看出她微笑中带着一丝苦涩，“我觉得很遗憾。孩子会长大，就是成人也会改变，这个世界就是一个变化的世界。为什么她的父母就如此对我们抱成见呢？我多么希望她的父母能接受我，就像你接受亚艾尔一样。但是，我想天下的父母并不都是一样的吧。我并不在意——不，也许我在意。我喜欢亚艾尔，我多么希望能公开地与她在一起，不用躲躲藏藏的。但又有什么办法呢？她的父母不允许我和她见面。”

我深知贝蒂的性格——这个一向敢想、敢做、敢为自己的言行负责的姑娘，去偷偷摸摸地与她的好友约会，无疑是一种心灵的扭曲。

又过了几年，贝蒂成了一个品学兼优的医学生，而亚艾尔也已经服完了兵役，成了一个富有爱心的小学教师。当贝蒂和我谈起亚艾尔和她父母的关系的时候，贝蒂眼里仍然充满了不解和困惑，也有些难言的痛楚。“妈妈，你跟她的父母完全不一样——你不仅从不歧视我，也从来不歧视亚艾尔。亚艾尔很喜欢你，也羡慕我有你这样的妈妈。”她深情地说着，闭起眼睛，把脸斜倚在我的肩上。

人与人之间的友谊和信任需要长时间才能建立，而敌视和憎恶却可以在几分钟内形成，而且很难消化。多么遗憾啊！

“年轻人犯错误，连上帝也会原谅的。”为什么我们有的父母会对孩子的错误行为如此耿耿于怀呢？我期望有一天亚艾尔的父母会真心原谅他们的女儿，也原谅贝蒂，原谅这两个善良可爱、努力做人的女孩子。

在我多年来珍藏的贝蒂赠给我的贺卡中，有一张 2006 年的母亲节贺卡：

妈妈，感谢你教会我分辨生活中的是非对错，然后又放心让我去走自己的路——甚至在我犯错误的时候同样爱我。你是世界上最好的妈妈！

永远爱你的贝蒂

单亲家庭的悲和喜

一个理想的家庭是由母亲、父亲和孩子组成的。在父母双全的家里，父亲的威严加上母亲的慈爱是孩子健康成长的重要因素。生活在一个完整家庭里的孩子是很幸运的。然而，现实生活有时很无奈，很多孩子要在单亲母亲或父亲的抚养下长大。只有把逆势当成优势，变被动为主动，心中充满阳光和自强，才能培养出身心健康的孩子。

著名的希腊裔作家和专栏作家阿里安娜•赫芬顿在她一本《走向无畏》的书中这样写道："每一个母亲在临产的时候，当医生把孩子从她们的体内拉出来的时候，也随手把一种内疚、担心和害怕的感觉放了进去。"这种说法其实太确切了。

母亲们，尤其是单亲母亲们，因为很多原因，总是对自己的孩子充满了一种深深的歉疚，好像孩子所有的不幸都是由于一个不完整的家庭造成的，换句话说，是由自己破裂的婚姻造成的，因此愿意用自己的一生去补偿，要么对孩子一味牵就，要么对孩子过分严格，希望他们能过上自己没能得到的幸福的生活。但可悲的是，往往适得其反。

一个理想的家庭是由母亲、父亲和孩子组成的。在父母双全的家里，父亲的威严加上母亲的关爱是孩子健康成长的重要因素。生活在一个完整家庭的孩子是很幸运的，我有很多这样的朋友和同事，我真为他们感到高兴。

然而，生活并不总是那么理想的。根据《华盛顿日报》2013 年的一个报道，在20多岁生育的美国女性中，有超过60%的人未婚。人口普查数据表明，单亲母亲的数量在最近几年里迅速增长。许多研究的结果表明，拥有大学学历和较高家庭收入的女性，要比低收入的家庭和教育程度较低的妇女成为单亲妈妈的可能性小。

现实生活中，很多女人必须独自抚养自己的孩子长大，无论是由于离婚还是由于父亲一方过早去世。在美国，我看到许多离婚夫妇对孩子是非常负责任的，双方共同担负抚养孩子的责任，并且尽量住得近些，让孩子在双方家庭每周各住半周。这些孩子们其实并不缺乏来自父母双方的关心和爱。有时，孩子们还可以因为父母的离异，过节收到双重礼物，假期也可以有双重出国旅游的机会。在这种境况下，夫妻的离异对孩子并非是一件坏事，这些孩子们既不缺乏父爱，也不缺乏母爱，只是父亲母亲不生活在同一屋檐下罢了。

但还有一种情况是，没有男人协助抚养孩子的单身女性。这种单身女性要么是有一个不幸早逝的丈夫，或者前夫还活着，但并不参与抚养孩子的义务，就像我自己的亲身经历一样。在这些家庭中成长的孩子，生活显然要艰难得多。

贝蒂随我来到以色列时刚满10岁，我是一个单亲母亲，同时也是一个博士研究生。很多人都知道在以色列读博士的标准是非常高的，有时比英国、日本、加拿大、美国更困难，通常需要5～6年的努力才能通过论文答辩、获得文凭。这不是一件容易的事，尤其是在我的导师约瑟夫的研究小组。我选择约瑟夫作为导师是因为他代表着魏茨曼研究院最领先的研究水平。我们有来自美国、加拿大、印度、德国、意大利、法国等世界各地大约20名学生。我在感到幸运的同时，也不得不承受有形和无形的压力。

因此，贝蒂从小就不得不自己照顾自己。每天我很早就离开家，回家又很晚，很少会早于7点或8点前到家。她不仅要给自己准备晚餐，还要给我准备晚餐。她先学会了蒸蛋羹、煮面条，给自己做一些简单的饭菜，学会了做三明治作为自己的午餐，然后又渐渐学会了烤蛋糕、炒菜等。在美国和以色列，孩子12岁前是不允许单独在家的，否则如果有人举报，家长是会被警察带走的。我的第一个美国男朋友，他的孩子已经16岁了，却仍然请了一个保姆在家陪伴。而贝蒂不仅从10岁起就常常一个人在家，而且还要照顾我。

魏茨曼科学研究所有一个花园，温暖的气温加上现代的滴灌技术，一年四季鲜花盛开，花香扑鼻。每当黄昏晚饭后，很多家属会带着孩子在那里散步，但小小的贝蒂却会把饭菜做好，放在一个饭盒里，用布裹几层，然后拎着它一路小跑，经过那些在草坪上游玩的孩子和母亲们，送到我的实验室。当我打开饭盒的时候，饭菜还是热乎乎的！看着我狼吞虎咽地吃饭，她露出了欣慰的笑容。这也许就跟“穷人的孩子早当家”是一个道理吧！

在我的博士论文的首页，除了感谢我的导师和同事外，我写道：

如果没有我女儿贝蒂的理解和她美丽的笑容相伴，我是不可能在以色列完成我的学业的。

这话完全发自我的心底。贝蒂是我的灵感和能量的来源。我离开以色列时，在为我举办的欢送晚宴上，我导师约瑟夫说：“我真诚地祝贺靖，她不仅在以色列出色完成了她从事的癌症研究，在世界顶尖的科学期刊上发表了非常有影响的论文，而且在以色列带大和培养了女儿贝蒂——贝蒂从小就接触了真正的社会，接触了来自全世界很多国家的人，了解了不同的文化、习惯和传统，这对她一生的成长会起到非常积极的作用，虽然她的成长很艰辛，她会比同龄人更早成熟，但也会更坚强和勇敢。”

在西方社会，母亲节是一个很重要的日子，每一个母亲都会收到儿女的多种形式的问候，或一个电话，或一封信，或一张贺卡，或一件礼物，表示儿女对母亲养育之恩的感谢之意。所以，这是一个喜庆的日子。

但母亲节的欢乐并不会赐给每一个母亲。对我在美国的三个女朋友来说，这一天又是个非常痛楚、难耐的日子，因为她们深知，她们的女儿们是不会有任何表示的，因为她们已经多年不与母亲联系了。这听起来那么的不可思议，但却真真实实地发生在我们的生活里。

其中一个朋友海英，有一栋很大很温馨的住宅和一个修整得很好的花园。她第一次带我参观她的家时，打开了二楼的一间屋子，里面是一张双人床，上面罩着粉红色绣花的床罩和枕套。屋里还有两个床头桌和一个梳妆镜台，一面大的落地窗正对着楼前的花园，正是下午，阳光透过白色的纱帘照射进来，一看就是一间温馨的女孩卧室。“这是我女儿的卧室，她已经10年没有回来了。但这间房我还保留着她原来在这儿生活的样子。我相信她总有一天会回来的。”

“那你和女儿通电话吗？”我问。

“不，她从来不打电话来，也从来不接我的电话。”

我望着海英那充满痛楚和无奈的面容，不知说什么去安慰她。海英也是一个单亲母亲，离婚后独自一人把女儿带大，一边在大学做教授，一边在美国抚养女儿，含辛茹苦十几年。但女儿自从大学毕业离开了家，就再也不理妈妈了，好像从来没有妈妈一样。

我的其他几个女友也有类似的经历。作为一个母亲，我深深地理解她们的痛苦。但是，我真的不能理解为什么这些女儿们会对辛苦把她们带大的单亲母亲如此冷酷，如此绝情?

母亲节也让那些永远失去儿女的母亲们备感悲伤。对她们来说，这是一个不公平的日子。一个在国内多年不见的好友的女儿，一个与贝蒂同龄、曾经一起长大的姑娘，在16岁豆蔻年华的时候，因为抑郁症得不到及时治疗（和家长、社会对这个病的预防、治疗和认识不足有关），轻易地结束了自己的生命。然而她出生在一个父母双全、充满爱心的家庭里，从小就备受长辈们的呵护。

人心是多么复杂，又多么脆弱啊!

很多人的想法和行为是异于常人的，社会、环境、教育、观念、家庭和先天的基因，都起到一定的作用，这就是为什么在美国有那么多的心理咨询诊所、社会工作者，但自杀率、他杀率还如此之高。据美国疾病预防和控制中心统计资料，2011年全国有39518人自杀死亡，与死于流感和肺炎的人数接近，这意味着平均每13分钟就有一个人自杀，每天有105人自杀。这还不包括那些试图自杀被救活的人，据报道，被救活的人数是自杀死亡人数的25倍，也就是说，在美国每天有大约2635人试图自杀。多么惊人的数字啊!

就在我写下这篇文字的时候，传来了美国著名喜剧演员罗宾•威廉姆斯在他的旧金山家里自杀的消息。这个噩耗震惊了全美国、全世界。谁曾想到，一个以幽默风趣的高超表演给无数人带来欢笑的人，竟然以这种方式告别了深深热爱着他的人们。看来，职业是职业，人是人，他逗人欢笑的职业并不能代表他那患有抑郁症的内心。多么残酷的现实！

美国预防自杀的倡导者们利用这个机会，大力宣传预防和治疗抑郁症的重要性和必要性。他们设立了热线服务电话，保证随时有人接电话，并采取一切手段进行行为干预，致力于减少自杀率。美国自杀预防基金会的首席医疗官、心理学专家恭穆捷医生说："自杀是可以预防的，你的创痛是可以治疗的，它是暂时的，你可以好起来。"

世界是一个多变的万花筒，爱可以变成恨，恨也可变成爱，而希望则是人生永恒的主题、不变的真理——携着希望而生活，带着希望而奋斗，那就是不悔的人生了！"人生的意义在于希望和等待。"我永远牢记父亲的教诲，即使是在最黑暗的日子里。

每当母亲节时收到贝蒂从遥远的地方寄来鲜花，或充满激情、催我泪下的贺卡时，我心里总是溢满了幸福的感觉，也溢满了对女儿的感激。

然而最最让我难忘的，是一张来自贝蒂的父亲节的贺卡。

2010年的6月20日，我刚从巴黎开完一个国际学术会议回到家里。正当我打开箱子，准备拿出给贝蒂带的礼物时，她走到我的面前，激动地说："妈妈，我想给你一样东西。"这时，她原先背着的手伸到了我的面前，我看到她手上握着一个红色的信封——像是一张贺卡。

她双手捧着信封，郑重地把它交给我，然后紧紧拥抱着我，在我的耳边轻轻地说："父亲节快乐，妈妈。"我这才意识到，今天是父亲节，但是还是有些纳闷："父亲节跟我有什么关系？"

然后贝蒂坐在楼梯上，看着我。我一边疑惑着，一边打开了贺卡，上面是贝蒂清秀的手写体，是用蓝色圆珠笔写的英文，但签名是中文：

给我最亲爱的妈妈：

我知道今天是父亲节，但我想这一天你也应该得到祝贺——因为你是我的母亲，也是我的父亲。你给了我一个完整家庭的爱，你让我觉得生活中什么也不欠缺，我是世界上最幸运的女孩。父亲节快乐，妈妈！

永远爱你的女儿　延延

我的眼睛顿时湿润了。我们在这个世界上奋斗，尤其是单亲母亲，从东方到西方，勤奋工作，努力学习，不屈不挠，不就是为了这样一份来自下一代的真诚的理解吗？

生命中最珍贵的东西

人生中最珍贵的东西往往是金钱买不到的，比如亲情、友谊、爱情和丰富的阅历，以及因此而充实的生命。以身作则，并教会孩子从小友善对人、真心交友，是他们一生取之不尽的财富。

从欧洲旅行回来后，离医学院下一个学期开学还有一周的时间。“妈妈，我想利用这几天去专门治疗神经病病人的诊所见习一下。我在意大利时，在罗马广场上看到一个相貌英俊、身材魁梧的中年人，我与他交谈了一会儿，他非常博学风趣，但跟我说话时他的右手臂在不停地抖动，我想他有帕金森综合征。我想学习有关帕金森综合征的知识。你能介绍我去史蒂芬的诊所吗？”

史蒂芬是我多年的好友，一个神经病学专家。他在巴尔的摩有一个远近闻名的运动神经病学诊断治疗中心，也是举世闻名的约翰•霍普金斯大学的客座教授。我立刻给史蒂芬打了电话。“当然欢迎，你让贝蒂明天就可以来我诊所。”

贝蒂一大早就赶到了史蒂芬的诊所。史蒂芬虽然是有上千号病人的临床医生，但一向热衷科学研究，也乐于教学和培养年轻的医生。他首次认识贝蒂的时候，贝蒂还是个中学生，现在她已是一个医学院的学生了。由于史蒂芬是非常有名的专家，他的病人常常是远道而来，而且有的病情比较严重。贝蒂站在一边认真地观察史蒂芬问病史、查体、开处方，有时也提问题。在看病人的间歇，史蒂芬也会向贝蒂提问。

第二天的上午，我在办公室收到史蒂芬的一封电子邮件：“靖，贝蒂的基础知识非常的扎实。她对我提的几个关于神经系统疾病，如帕金森、舞蹈症、多动症、癫痫的知识，从基础到临床，无所不知。我相信她会成为一个非常聪明智慧的医生！”

我的心里乐滋滋的。哪个妈妈不喜欢听别人夸赞自己的女儿呢？

第三天，我又收到史蒂芬的电子邮件：“靖，你猜如何？刚才，我的一个病人在我诊所里撒了一泡尿（严重的帕金森病病人有时会尿失禁）。病人和他的儿子又尴尬又愧疚，贝蒂则拿起纸巾，立刻把地上的尿擦得干干净净，然后还扶着老人坐下，真诚地安慰他。靖，祝贺你养育了一个优秀的女儿！”

我的心里溢满了欢喜和骄傲！

什么是人生的财富呢？这就是我人生取之不尽的财富。我先是去以色列读博士，然后来到美国，一直在从事医学研究和管理，很多人很奇怪，如果不能挣到更多的钱，为什么要如此漂洋过海、艰苦奋斗呢？其实我感到我很富有，只是每一个人对富有的理解不同罢了。银行存款并不是财富的标志，而人间最美好的东西，譬如友谊、爱情、经历、学识，是任何金钱都难买到的。

贝蒂在上高中一年级的时候，写了一篇命题作文，题目是“生命的携带”。那天她把带有老师批改的作文带回来给我看：“妈妈，我的老师说，我和你一模一样。”

我有些好奇，因为知道我们母女的人，都说我们两人的外表、性格，是完全不一样的。我也相信，贝蒂在很多方面，与我是迥异的。

贝蒂在这篇作文里，杜撰了一个“哥哥”用以说明妈妈的“期望”。作文是这样写的：

对我和我妈妈来说，这个世界上最最珍贵的东西，不是金钱，而是人生的阅历。正所谓“逝者如斯夫，不舍昼夜”。时间就是这样不以人的意志为转移地流逝着。

所以每个人都在用着各自的方式，去保存他们曾拥有的美好时光和美妙瞬间。有的人通过照片凝固住瞬间，有的人则把它们统统写进日记，有的人却是到哪都不忘带着那些在生命中有着特殊意义的东西。但总有些东西是你没法记录下来的，可它们拥有自己的一个心房。正是这些有形或无形的东西使我们每个人都在这个世界上很独特，不同寻常。

我的家里有四个成员，我的哥哥、妈妈和猫，再加上我。我们有一个小小的，甚至可以说是有点奇怪的家庭。我们每个人都深深爱着彼此，但我们却从未对彼此表达过这份爱。也许是因为我们自己总有做不完的事情，已经自顾不暇。

我的妈妈是个完美主义者，她从中国带来了许多东西，有外婆做的衣服，好多照片，最多的是她珍爱的书。但她的最爱却是她大学时初恋对象的照片。有的夜里，在临睡前，她会默默翻开相册，找到那张照片，静静看上个10分钟，轻轻地一声叹息后，再把它放回相册中去，之后才会睡去。我问她为什么这么做，她说那是因为她真的很爱这个人。可在我看来，这只是因为没有得到的总是最好的罢了。我想她更多的是在想，如果她开始的时候没有选择我爸爸，而是和这个她爱着的男人一起来到美国，现在的日子又会是什么样呢？她虽然没有和这个人保持联系，但从他们的校友那知道他现在住在旧金山，婚后有了三个女儿。对她来说，没法去改变过去的选择确实是一件遗憾的事，毕竟她永远失去了和心爱的人在一起的机会。

当然，看到她现在生活得不开心我也很难过，想着也许没有我的存在，妈妈能和她的情人终成眷属。

我的母亲喜欢我的哥哥远胜于我。我的哥哥就是所谓的“书呆子”。他在学校努力学习，一心要成为成绩最棒的那个，放学后他则是足球队的队长，而工作时他也努力为顾客提供最一流的服务。坦率地说，他和我真的不是一类人。我崇尚享受生活，尽力让事情变简单，从来不给自己背负太多压力，而且趁着年轻尽情享受生活。我想这也是妈妈更喜欢哥哥的原因。他就是那种你永远都可以依靠的人，他在训练时总是带着额外的创可贴，以防有人意外受伤，如果你临时需要铅笔和纸张，那他肯定是你首选询问的对象。他甚至会在考试的时候多带一个计算器以免计算器坏掉……最有趣的是，他并不是天生这么勤奋，他曾经也是个处处敷衍取巧的人。

我经常会想，他的生命中到底发生了什么事，以至于使他变成了这样的人。他对我说他在12岁的时候曾告诉过祖父，他的梦想是进入一所一流的大学并成为一名律师。可祖父却惊讶地看着他问：“什么？凭你的成绩和对学习的态度，你还想考进大学？你最多只会和你爸爸一样成为一个失败者而已。”哥哥很确定地告诉我，祖父的话深深伤害了他，并且改变了他的生活。那些话深深刻在了他的心里，现在他的目标就是向祖父证明他错了，他一点也不像他的父亲，而且他会获得出乎意料的成功。

家里的成员都出生在中国，除了我的猫。它的名字叫Kuchi，它出生在美国，事实上，我是在宠物市场看到它后心生爱怜，想办法说服妈妈，把它领养回家的。它有一个天天被它追来追去的玩具小老鼠，那是它最好的朋友，它会在无聊或开心的时候去追这个小老鼠玩，在累的时候用爪子握着它舔，表面上看它到哪里都会带着这只小老鼠，也许这只老鼠会让它想起它的家。在宠物市场的时候，Kuchi和它的三个兄妹住在笼子里。那里还有两只小灰鼠，当我领养Kuchi的时候，宠物市场的主人扔给了Kuchi一个木质的小老鼠，因为他知道Kuchi喜欢这个玩具。我觉得这只老鼠的味道会让Kuchi想起它的兄妹们吧，Kuchi把它当作了自己的兄弟姐妹、自己的朋友。

我自己从没有带着哪件对我来说有意义的东西在身边，但我一想到中国和以色列，就会格外伤感。我在遥远而美丽的中国生活了10年，那是我出生和我妈妈生活了半辈子的地方。我又在硝烟不断的以色列生活过3年半，那对我来说是最最宝贵的一段日子，因为我在那里度过了我的青春期，而且交了许多会持续一辈子友谊的朋友。我们都深深地爱着对方。可天下没有不散的宴席，我和这些朋友还是分别了。从某些方面来说，我恨妈妈把我带来了美国，我想我可能会永远恨她给了我一个更好的未来。她说来美国的目的是为了让我有更多的人生的选择，但我会对我因为离开以色列而失去的友谊和快乐抱憾终身，不论我今生会选择在哪里生活。

记忆总会因为时间的流逝而越来越被我们所淡忘，但我们又总是会随身带着令我们感动的东西和情谊。这些美好的经历和友情注定会陪伴我们一生，我想我也会一直带着我的两个故乡——中国和以色列的甜蜜的感伤，无论天涯海角！

在这篇作文的下方，老师评论道：“你和你妈妈是那么的相像！”

在艰苦的环境下懂事

孩子的成长应该是全方位的，而美好的情操和一颗爱心也许比学业的成功更重要。人生是一场经历，而生命的意义，就在于每个人都能在艰苦的环境下保持乐观向上的精神，不断地奋斗，不懈地努力，并因此让这个世界变得更美好！

贝蒂从11岁开始打工，给人看花园、在商店卖首饰、给人看孩子、在饭店当女招待，然后用自己辛苦挣得的钱去旅游，像她在以色列的朋友们一样。大学的第三年暑假，她经过激烈的竞争，被印第安纳州的里来药品公司录取了，去那儿度过了10周以科研为重点的“青年夏令营”。

一天，我收到了一张照片：一个巨大的、铺着厚厚的稻草的牛棚里，一头母牛正静静地站在那儿，贝蒂的右手在牛的奶头上挤奶，一脸的激动和欣喜。照片下面是几行字：

“妈妈，你知道吗，我一生有三个梦想：1. 在农场亲自给奶牛挤奶；2. 从飞机上跳降落伞；3. 当医生。现在我已经实现了我人生的第一个愿望。下一步，我要跳伞！从那高耸入云的蓝天上慢慢地降落，那种在浩瀚的宇宙中俯瞰大地群山的感觉一定太美妙了！”

我立刻给她电话：“你能不能把次序颠倒一下，先当医生再跳伞和潜水？”因为我知道跳伞和潜水太危险，不想让我唯一的女儿去冒如此的风险。

“妈妈你知道的，当医生的路途是那么遥远，那么辛苦，如果我因跳伞和潜水而丧生，那么多年的辛苦不就白费了吗？我情愿先去冒险——”她狡黠地说。

“不，你不能冒险！这些活动太危险，别忘了我只有你这么一个女儿！”这次我半认真半开玩笑地说。

不知她是真的为我这个当妈妈的着想，还是一直没有机会，或者她从没有告诉过我，反正至今她还没有跳过伞！

下海潜水也是贝蒂最大的爱好之一。她常常在节假日，穿一身黑色紧身潜水服，背上携带一套沉重的供氧呼吸器系统，在水下欣赏五色缤纷的海底生物，与不同种类的鱼群们同游共舞，与那美丽可爱的生灵们做伴。学习潜水并不是一件简单的事，要经过长时间的专业培训，并要考试通过才可以得到证书。贝蒂大学的第一年就已经拿到了执照，现在已经是一个有经验的潜水员了。

《华盛顿特区报》曾登载了一篇文章，题目是“中国‘文革’被摧残的一代人娇惯他们的下一代”，在美国社会中引起了很大的反响。文中详细叙述了几个与贝蒂同龄的孩子是如何在父母的温室中长大，养尊处优，挥霍浪费，从不知艰苦、勤俭为何物。这些孩子的父母们想尽量忘却悲苦的往事，从不对他们的孩子们忆苦思甜，随着中国人生活水平的不断提高，他们希望把自己从没有想象过的优越的生活全部赋予他们的下一代。我有时问自己，如果我当初没有出国，是不是会和这些父母一样溺爱贝蒂呢？

当我把那篇文章的电子版本转给贝蒂看后，她回信说：“在一个优越家庭条件下长大固然是幸运的，但我从来都更欣赏自力更生、自食其力。打工生涯让我懂得了劳动的价值、自身的价值，也让我了解了社会、了解了人生，尽快地明白了自己的志向和生活的目标，有什么不好的呢？从东方到西方，尽管我们旅途艰辛，有时甚至充满了泪水，但也有无尽的欢乐和自豪。感谢你，妈妈，给了我这个机会，我为有幸成为你的女儿而自豪！”

这些话像一条清清的小溪从心中流过，又温暖又滋润。世界上还有什么能比得到自己孩子的承认更使母亲快乐的事呢？

当耶鲁大学法律系教授艾米的《老虎妈妈》出版的时候，贝蒂从书店买了一本带回家来，风趣地对我说：“妈妈，你是一个中国母亲，我也是在犹太文化的熏陶下长大的，但你和这个老虎妈妈截然相反！”我笑着发问她：“如果你能够选择，你愿意有个什么样的妈妈呢？”

“妈妈，你知道的，我相信你是世界上最好的妈妈——你从不强制我做任何事。你给我自由，教会我做自己，你养育了一个独立自主、坚强又有责任心的女儿！”

“你这是在自己夸自己，而不是夸你的妈妈！”我哈哈大笑起来，用手轻轻地拧了一下她的鼻子。

在以色列长大的贝蒂与艾米两个女孩的生活是多么的不同——从10岁起，贝蒂就不得不自己学做饭，自己进超市购物，自己照顾自己的饮食起居，有时还要照顾我。生活的简朴一向是我们的原则，从不会故意浪费一分钱。她穿的衣服很少有超过20美元一件的，她最喜欢逛的是平价和减价商店。当然，我们母女是靠我的奖学金生活的。

“我知道我妈妈最爱吃什么，但我妈妈不知道我最爱吃什么！”贝蒂常常以自豪的口气对我们的朋友说。她说的一点也不夸张。在我们的家里，她常常是主厨。每当她出远门的时候，就会把冰箱塞得满满的，都是我爱吃的东西。那次在她去以色列前，我发现冰箱上的字条：“妈妈，我不想惊动你，就自己先走了。我昨晚给你做了馄饨，放在冷冻室里，希望你爱吃，因为我改良了一下，现在它们比较软了。请为家里的花浇水。另外，一定要记住每天吃降血脂的药——想你爱你，贝蒂。”

美国总统克林顿的著作《我是生活》出版的那天，贝蒂在深夜12点的时候跑到附近的书店去排队买书，她知道我对克林顿很敬佩，一定会很高兴第一时间得到这本书。

在我的抽屉里，放着一张贝蒂写给我的3000美元的支票、她去旅游前给我留在冰箱上的留言、比尔·克林顿的《我是生活》出版时贝蒂给我的字条。在美国，孩子在16岁就可以申请驾驶执照，她拿到执照后，我花6000美元给她买了一辆二手汽车，但是我们商定她要出一半的费用，所以一旦她打工挣了钱，就一点点地存起来。当她把3000元的支票放在我面前的时候，我早已把我们的协议忘光了。

我们母女一向都无话不谈，即使是心中最隐秘的事情。有时在我们彼此都十分繁忙的时候，会接到她的一个语音留言：“妈妈，没什么事，就想告诉你，我很想念你！”

后来贝蒂终于去了地中海的一个美丽岛屿读医学院，实现她救死扶伤、拯救人类疾苦的重大抱负。思念她的同时，我开始整理过去的日记和信件。但我是用中文写还是英文写呢？毕竟我们生活在美国，在这个说英语的国家，什么都是英语：报纸、电视、工作、电子邮件，到处都是英语。

彷徨之余，我打通了贝蒂的电话：“我想把你在以色列成长的故事写下来，好与国内的父母和孩子们分享。”尽管这只是我的一个想法，能否实现，有没有出版社愿意出版，都是一个未知数，但我首先想要得到她的理解和支持。

“好啊，妈妈，我支持你。”她立刻回答。

“我想写你的故事——”我问，“你有没有不想别人知道的事情？”我的脑海里涌现出她青春少女时的初吻，还有她那些让我焦心的事情。

“写什么都行，妈妈。”贝蒂一向是直来直往，干脆利落。我心里一下释然了。

“那么，下一步，我不知道是用什么语言来写，用中文还是用英文？”这也是我迟迟没有动笔的原因。如果用英文写，我们祖国同胞们怎么能够读得懂呢？但是如果用中文，我们在美国和以色列的朋友又怎么能够读得懂呢？所以，这些年来，我常常会把心里的感受写下来，一会儿用中文，一会儿用英文，两种语言混杂在一起，非常的不顺眼、不和谐。

“当然是用英文写了，你如果用中文写，谁能看得懂呢？”贝蒂的语气非常坚决。她的意思是说，她怎么能看得懂！

她的回答让我又吃惊又气馁又伤心。我没敢把这件事情告诉她的外婆。作为小学教师的母亲，母亲有一种像魔法一样的本领，能够把所有孩子的中文都教好。母亲是一个有近40年教龄的人，退休以后，第一个受益的就是她的外孙女。贝蒂在5岁的时候就可以认识一千个中文字，10岁去以色列之前就写了一手非常漂亮的方块字。而现在她虽然说了一口流利的英语和希伯来语，可是中文只能听说，读中文的水平实在是有待温习和提高。

虽然我心里这样想，但还是按照贝蒂的建议，开始用英文写。写着写着我发现，自己终归是在中国长大的，英文永远无法把内心的真实感情表达透彻，毕竟是到了三十多岁才开始学习和应用英文，繁忙的日常工作也没有时间让我可以进入英文文学的殿堂，失望之时终于得出结论：还是那美丽的正方形的中国字又亲切又能够表达真情。于是，我就把一大堆打出来的英文稿全部投入废纸箱，决定用中文写这本书。

在我5岁的时候，我的母亲就开始教我认识这些美丽的中文，到了贝蒂5岁的时候，又是我的母亲，她的外婆，教她认识这些美丽的方块字。虽然现在她把中文忘得差不多了，但是相信有一天，她会重新学会听说读写，并会为此感到骄傲。中文是她母亲的语言，是她所有祖先的语言，也是她所学习的第一种语言。在以色列的时候，孩子们看她能读中文书，都非常的惊讶，觉得她是世界上最最聪明的孩子。所以我相信有一天贝蒂会重新捡起中文。

充满西方特质的中国姑娘

在我们美国的家中，每年一度的春节晚会是我们重温中国情，并向来自世界四面八方的朋友们传递中国文化的最好机会。贝蒂虽然说着纯正的英语（有时也说希伯来语和西班牙语），但她身穿合身的绸缎旗袍，又黑又直的长发垂在腰际，一看就是一个典型、骄傲和自信的中国姑娘。

在我家客厅的墙上，挂着一张大大的由紫红色相框裱制而成的照片，照片上站着三代女性——母亲、我和贝蒂。母亲个子矮，端坐在一张高凳子上，背后是一个取暖的壁炉，壁炉的上方是一幅莫奈的山水风景画。我和贝蒂都身着传统的中国旗袍，站立在母亲两旁。我穿的是白底红花的旗袍，而贝蒂则穿的是红底白花的旗袍。

那是 2006 年我在家里举办春节联欢晚会时照的。那年母亲正好来美国探亲，和我们一起生活了六个月。

当我们在美国有了一个新的房子，可以容纳几十人后，每年的春节，我都邀请亲朋好友前来我家共度佳节。美国是一个移民的国家，我的客人中包括美国人、印度人、日本人、泰国人、非洲人、欧洲人等等，也有在美国出身的犹太人。我在中国商店买了两个大红的灯笼和一条用皱纹纸做的长龙。现在中国的传统节日在美国声势越来越大，竟然在美国本地的商店也能买到中国传统佳节的食品。

我把两个大大的红灯笼高高挂在客厅的房梁上，朋友也带来了几十个红色的气球。大红的气球在客厅、餐厅和会客厅顶上轻轻地浮动飘扬，大红的桌布铺在长方形的餐桌上，一派红红火火的节日景象。我要求我所有的中国朋友们，无论男女老少，一律穿上中国传统节日的服装。尽管远离家乡，我们也应该重温当年在家乡过节的氛围。我的朋友们每次都花很多时间精心制作他们拿手的家乡菜。

我对我的外国朋友的服装规定比较随便，但是我在邀请信上写着：“节日便装，但是一定要有红色。”因为红色是中国新年的象征，红色是除旧迎新的标志。许多男性客人就在崭新的衬衣上，配上一条红色的领带。

我的客人们一半是中国人，一半是外国人，真是所谓的中西合璧。感谢我的朋友们，每次都是有请必到，而且规规矩矩按照我的要求去着装。我的好朋友虹彩，竟然在国内定做了一身旗袍，淡绿色的绸缎上是一朵朵粉红色的玫瑰花，又艳丽又喜庆，说是专门为了参加我们家的春节晚会而做的。我和贝蒂每年回国的时候，也都要逛旗袍店，为的是来年的新春晚会有新的旗袍穿。

包饺子是中国新年的传统食物。每年我的朋友，微，都先在自己家里，把面和好，也把饺子馅准备好了带到我家来，因为她是北方人，所以包饺子的手艺很好，尤其是和饺子馅的手艺。

她会大包小包地把这些东西带到我家来。这样，我的一群中国朋友，就在厨房一角的小餐桌上，热热闹闹包起了饺子。一个个小巧精致、像天上的皎月一样的饺子，不知吸引来了多少美国朋友惊讶的目光。在寒冷的冬季里，那锅里沸腾的饺子和不断上升的蒸汽，把我们这些游子的心带向了遥远的故乡，带向了多年前那虽然贫穷但朴实和美好的春节佳日。

当只有中国人围成一群，没有外国人的时候，大家就会一起改说中文。贝蒂也最喜欢和这些叔叔阿姨们聊天了，她说这也是她练习中文的好机会。她现在很为自己东方人的面孔和中国的血统而自豪。

贝蒂在每年的春节晚会上往往是一个很好的女招待：贴身的旗袍衬着她苗条的身段，瓜子型的脸上淡施脂粉，一手端着一个大托盘，托盘上是她做的小巧的点心。她微笑着，轻轻地走到晚会的客人前，问道：“你想要尝一尝这个大蘑菇么？中间是空心的，里面塞满了蟹肉——这是我今天下午刚做的。”贝蒂拿出她在饭店当女招待时学到的技巧，赢得了所有来客的啧啧赞赏，使我们家的春节晚会更加不同寻常，也使我的朋友们久久不能忘怀。

我的朋友们有时会在中国春节来临的时候，不等我正式发出邀请信，就主动地问我："靖，你们家的晚会今年何时开？我要安排其他行程，但不想错过你的中国春节晚会。"

我知道，在这样的晚会上，不仅我的美国朋友们享受到了美丽的东方姑娘的热情招待，对于贝蒂来说，这也是她与母亲同辈的人见面交流的好机会，甚至也是在美国练习中文的好机会。因为在学校里，同学都是从各个国家来的，所以大家都说英语。

在以色列她只跟我一个人说中文，到美国后，她的朋友也大多是犹太人和美国人，很少有中国朋友，很是遗憾。我有一个同事，叫维纳斯，是在美国长大的犹太姑娘，但从小她就学习希伯来语，所以虽然她从来没有在以色列生活过，却也说着一口流利的希伯来语。因此贝蒂与她一见如故，只要两个人在一起就只说希伯来语，维纳斯也是我每年春节晚会必请的客人。

就这样，美国是一个名副其实的大熔炉。在我们家里的春节晚会上，贝蒂穿梭于我们来自世界各地的朋友们之间，根据不同客人的背景，流利地用三种语言——中文、英文和希伯来语去招待客人。这个亭亭玉立的女招待，成了我们家每年春节晚会的一道靓丽的风景。

那年母亲听说我要开晚会，兴奋异常，三天前就开始准备晚会的食物，生怕我的朋友们不够吃，结果最后剩下的饭菜足够我们三代女性吃一个月。实际上在美国，这样的晚会，大家都会带来一些食品与客人们共享。美国朋友大多会带上自己家做的点心、沙拉或者水果拼盘，或者带一些红酒、啤酒，而我可爱的中国朋友们每次都会精心制作他们家乡的传统菜。我有个可以伸缩的大饭桌，但即便伸到了8米长，正餐的盘子也都不够放。我要用上家里所有的桌子，才能够摆上所有的食物。

贝蒂告诉我，她的朋友丹尼是做甜点的好手，于是我那天一早就把她请了来。花了几个小时的时间，她像变戏法似的做出了一盘精美至极、外表各色、形状各异、口感不同的甜点，让人只想欣赏，不忍心放在嘴里破坏了这份美好。

当贝蒂在迎宾送客、招待客人的时候，不会说英语的母亲只能在炉灶前后忙碌着。她向每一个客人微笑，说声“Hello”就又转头去忙。我那些在包饺子的朋友们，也都亲切地与她拉家常，或给她帮忙。

但实际上那天让我母亲最开心的，是我同事的一对10岁上下的双胞胎儿女。母亲看着这两个真正的洋娃娃爱不释手，一会儿摸摸这个，一会儿捏捏那个，似乎想看看他们是真的，还是她手工做的洋娃娃变出来的。母亲一生喜欢缝纫、做衣服，她特别喜欢大眼睛长睫毛、高鼻梁白皮肤的洋娃娃，也许是“物以稀为贵”吧。没想到这两个活蹦乱跳的洋娃娃就快乐地在自己眼前吃着自己做的饭菜。这两个孩子大概从来没有见过这么大的场面和这么多好吃的食物，所以兴奋异常，所有食物都想尝一尝，欢呼着四处奔跑着玩耍。

照片上母亲那快乐慈祥的笑脸，记录了她在美国度过的，虽然短暂却从此温润她心田的美好时刻。

几天以后，贝蒂给我电话：“妈妈，我现在带外婆去湖林商场，可能要晚点回来。”贝蒂一边开车，一边给我打电话。那是一个周五的傍晚，我正在匆匆往家赶。

“你带外婆去干什么？买东西吗？”我问。

“不是买东西，我带外婆去扎耳朵眼。”

“什么？外婆同意了么？”

“外婆一开始不同意，但我给她做了半天的工作，她才同意的。妈妈你放心吧，我会照顾外婆的。”我简直不敢相信，她竟然说服了72岁的外婆，平生第一次去穿耳洞！要是像她当初那样感染了怎么办呢？我怎么能够放心呢？

过了一个小时，贝蒂带着外婆回来了。外婆的脸上带着孩子似的又激动又害羞的笑容，给我看她两个耳垂上刚刚打完洞后被挂上的亮晶晶、像钻石一样发光的耳环。“我从小就羡慕其他女孩的耳环，但一直怕疼，没有勇气去穿耳洞。”外婆轻轻地对我说。还好，在贝蒂的精心护理下，外婆的耳洞没有引起发炎或感染。从那以后，每次我们回国前，都要去几次珠宝店，精心地为外婆挑选耳环。现在，外婆在中国家中的抽屉里，珍藏着各种不同的耳环，有圆形的、椭圆形的，有黄金的、白金的，也有水晶的、珍珠的。

来自鸽子的启迪

只要你留心，每天平淡的生活会给我们很好的人生启迪。我在以色列沙漠上的城市比尔萨瓦生活时，在我的窗台上伴随我度过一段难忘岁月的鸽子一家，成了我生命中挥不掉、抹不去的一道靓丽的风景，教会了我什么是真正的母爱。

想起我刚到以色列时的那个秋风送爽的季节，我搬进了索拉卡医疗中心的一座8层的宿舍楼里，距我工作的实验室只有10分钟的路程，所以很方便。这是一座较老式的楼房，有一个小小的、很旧但功能很好的电梯。每层楼东西南北朝向各有一个套房，楼道中间没有窗户，需要开灯才能看得见。所以每天总是安静得使人误以为这是座没有人居住的空楼。这样的楼房我在以色列至今也很少见到，使我想到香港那一幢幢从外面看气派壮观，里面却又黑又矮让人喘不过气来的楼房。

但只要一进了我的住房，就立刻是另一番景象。我的套间有两间卧室，一个小小的厨房，没有客厅，只有一个小小的过道。两间房均朝向东，所以每天很早的时候就阳光灿烂，满屋生辉。我把雪白的墙壁上挂满女儿的照片，竟然也温馨又舒适。但我每天回到家里只有书本相伴，实在是缺少一些生气，有时也难免感到寂寞。

直到我突然看见那三只毛绒绒，一直默默陪伴着我的可爱的小鸽子。

那天周末，我请我的导师诗然噶和他夫人玛札来我家共进晚餐。导师是个非常聪慧的科学家，又很和蔼可亲。他说父亲临去世时对他说，要做个给予者，而不是个接受者。要做善事，而不要做不利于别人的事。如果邻居家失火了，要想办法帮忙。如有朋友或任何人有求于你，都要尽力去帮忙，不要有任何保留。我想他也确实是这么做了，因此才会有这么多人喜爱他。前几天遇到一个犹太姑娘，她听说我是诗然噶的学生，羡慕地说："你很幸运。诗然噶是一个非常可爱的人。"我已经听惯了这样的评价了，我为做他的学生感到非常自豪！

我做了一份小白菜、一盘豆腐，炸了一碟春卷，像我在中国一样。尽管他们一声声说好吃，但根本没有吃多少。几盘菜连一半都没有吃完，我却忙活了一整天。看来东西方的饮食和文化差别实在是太大了。

那是我第一次请客人上门。我花了整整一天的时间打扫房间。当我打开那扇平日不用的房间的窗户时，惊喜地发现在近一米深的窗台上，居住着几只毛绒绒的鸽子：一只大鸽子正用它那两只灰白相间的大翅膀护卫着两只小鸽子。两个小家伙可爱极了，但它们还太小，不能走动。显然这是鸽妈妈和它的两个孩子。惊喜之余我心里立刻对它们充满了怜爱。

自从发现了可爱的鸽子，以后每天我都要走到窗前看望这几个可爱的小生灵，我的脚步轻轻的，唯恐惊跑了鸽妈妈。看着它们渐渐长大，我的心中充满了温馨和感动。鸽妈妈总是护卫着它的孩子们，偶尔也会飞走（我想是去觅食），但很快就飞回来了。小鸽子们一天天长大，渐渐地，它们昂起了脑袋。鸽妈妈也不再蹲在它们中间用翼护卫着它们了，而是远远地蹲着，照看着它们，不论白天还是黑夜。又过了几天，小鸽子长成了大鸽子，快和它们的妈妈一样大了，可以在阳台上随意走动了。长长的脖子高昂着，一双机灵的眼睛酷似它们的妈妈。我在心里希望它们能在我这寂寞的窗前多住些天。

过了几天，下班回家时我看见鸽妈妈远远地站在阳台的栏杆上，于是急忙寻找小鸽子。只见它们仍相互依偎着站在阳台靠右边的一个小小的角落里。这几天总是担心小鸽子要飞走，虽然明明知道总有一天它们是要飞走的，只是仍然企盼着它们晚一点离开，等完完全全长大了，翅膀长好了再飞走。我默默地对它们说：我的房间在6楼，可是很高的高度，千万要当心呀！我不知道鸽子们都吃什么，偶尔放点饼干、鸡蛋给它们，但它们不吃，弄得我不知如何是好。好在鸽妈妈十分尽心尽责，我也就并不十分担心它们的温饱问题了，除了偶尔飞向远方为小鸽子觅食外，它总是守候在小鸽子边。

那些天每天回到家的第一件事就上去看望它们，看它们是否还在窗台上。这几个可爱的小生命给了我难言的慰藉。我为它们快速的成长而欣喜，又为它们即将离去而惆怅。

又过了几天，早上起床后，照例第一件事是去看望它们。只见两只小鸽子长大了，它们的身子几乎和妈妈的一样大了，想必随时会飞走。又过了两天，看见鸽妈妈正用嘴去驱逐已经长大的两个小鸽子，使得两个小鸽子在窗台上来回快走，有时会扬起翅膀低低地飞翔一下，又很快地落下。这是怎么了？妈妈怎么能欺负自己的孩子呢？但过后一想，也就明白了，也许这正是鸽妈妈在训练孩子双腿的力度，诱导着孩子去飞向那广阔的天空，催它们成长，走向自力更生的道路。两个小鸽子每天蹲在窗户栏杆前，一会儿仰头看看窗外的天空，又向下看看移动的车辆和人群，仍不敢向前移动半步。想必它们是不知道自己能否在天空飞翔？

离别的日子终于到了。在一个阳光灿烂的清晨，虽然我早已做好了思想准备，但见到空空的阳台，心里仍然有一种说不出的留恋和惆怅，像是失去了朝夕相伴的老朋友。可爱的小鸽子，愿你们用那副在我的窗台上长大、长硬的翅膀，在蔚蓝的天空、广阔的世界中飞翔吧！

从此，那个鸽妈妈和它孩子的故事就永远留在了我的记忆深处。

这其实多么富有生活的哲理啊！我们养育儿女，不就是为了赋予他们一双坚毅的翅膀，在蓝天下独立地、自由地翱翔吗？而做妈妈的，在他们贪恋温暖的巢穴时，不得已赶他们出门，飞向广袤的天空，有一份属于自己的生活，这正是出于一种伟大的却又艰难的母爱！

鸿雁传信

“读万卷书，不如行万里路。”中国的古话具有深厚的含义。朋友都说我太娇惯女儿，但我一向相信，给她付旅游的费用就像是为她在学校交学费一样，是非常有意义的。外出旅游，到一个从没有去过的地方，见识你从来没有见识过的人和事，对孩子的成长至关重要，尤其是在这个地球变得越来越平坦的时代。所以我们平时可以节衣缩食，但为她买飞机票和订旅店我是绝不吝啬的。

我曾见过许多孩子，买名牌手表、衣物、提包，不在乎花钱，而贝蒂到了20多岁，从来不知道这些名牌的东西为何物！其实我也一样，至今不懂得名牌，只是有时回国送礼的时候，不得不买名牌的东西。因为现今的中国，据说只有“名牌”才有人认，才拿得出手。这是怎样的一个误区啊！如果我们家长这么崇拜“名牌”，那么我们的孩子们崇拜名牌也就可以理解了。

“妈妈，你现在工作太忙，没有时间出去旅游，而我又太爱旅游。所以，正好你挣钱，我去旅游，好不好？”贝蒂又俏皮又半认真地对我说。贝蒂酷爱旅行，自从上大学起，每学期结束时，经常是第一天刚考完试，第二天就立刻乘飞机去一个她向往已久的地方，所以几年的寒暑假过后，她已经走了很多国家和地区。

实际上，从做妈妈的“自私”的角度来说，我也是太爱读她每次外出旅游时给我写的邮件。几千元美金换来那么多美好的文字描述，实在是太值得了！我也至今保留着这些珍贵的信件和照片，我把它们存放在一个电脑文件夹里，也把它们打印出来，存放在我专门存放珍贵物品的大红色丝绒面箱子里。

读到贝蒂从远方寄来的邮件时，我常常在家里或在一栋高楼的办公室里工作。随着她那激情飞扬、生动活泼的对旅游见闻的描述，我总是心潮起伏跌宕，激动异常，似乎也身临其境——我的身心不禁也随着她在蓝天上飞翔，在大海里漂荡，我们一起享受悠久的历史和人类的文明，美丽的岛屿、古老的城堡、迷人的风光，我仿佛也看到了那奇妙的生物发光海滩，沐浴了加勒比海的海风，也感受到了大鱼跳跃时的惊险和她错过了火车或飞机的焦虑……

以下是贝蒂2011年去波多黎各旅游时给我发的电子邮件。我省略了我写给她的邮件部分，要不然这本书就该装不下了！

第一天 5/5

你好，妈妈。我们刚刚到达波多黎各。在飞机场租了一辆小车，是最小、最经济的那种。不过我们东西不多，所以对我们两个人来说正合适。

我们先开车来到预订的旅馆。一路上，虽然道路不那么平坦，风光则是无限之美。

我一来就爱上了这个地方！这里的天气简直完美之极，实际上，我还从来没有见过这样清澈的蓝天白云。我们住的旅馆小巧玲珑，既讨人喜欢又非常独特。旅店的老板是个很和善的中年妇女，黝黑的皮肤，穿着紧身的上衣，她的乳房很丰满，上面的一小半露在外面，很吸引人。她的头上扎着一条红色的带子，很喜庆的样子，而且她总是笑眯眯的。由于旅店里没有什么人，她主动把我们的房间升级成了超级棒的海景房。这座城市的风景和风格看上去非常可爱。我们已经迫不及待地要去游览它了！

我在来之前读了一些有关这个岛屿的知识，现在也讲给你听听。有些你也许早就知道了，那也没关系，再温习一遍！

波多黎各自治邦是美国在加勒比海地区的一个自治邦，属于一个境外领土，首府为圣胡安。在西班牙语里，波多黎各的意思是“富裕之港”。它是大安的列斯群岛四个大岛中最小的一个岛，位于多米尼加共和国东面，小安的列斯群岛西北。它包括一个主岛和若干小岛。

波多黎各岛的风景迷人，这里不仅有最古老的热带雨林、沙漠般的干森林，还有奇幻荧光海，所以是最吸引美国人旅游的胜地。在首府圣胡安旧城，你可以尽情欣赏几种风味不同的文化：印第安文化、西班牙文化和美国文化。它们在这里融合，形成了别具一格的文化氛围。作为一个著名的度假胜地，它拥有500多公里长的海岸线，各种类型的海滩应有尽有：白色沙滩、黑色火山沙滩、适合潜水的海滩、海浪狂暴的冲浪海滩……

从华盛顿飞到波多黎各，只有4个小时的飞机行程。所以波多黎各也就自然而然地成了美国人最感兴趣的旅行胜地。很多美国人甚至在那儿买了房子，每年去那儿度假，然后退休后搬到那儿去住。虽然这里的居民都算是美国公民，但却没有总统选举权。由于它属于美国，又生活方便，消费要比美国低一些。

妈妈，我听你说过你也有个同事在这个岛上买了房子，对吗？

爱你！（虽然沉浸在初到这个迷人海岛的欢喜中，我仍然未忘记每天给妈妈写电子邮件——也许这就是爱？）

第二天 5/6

我们这次一共有7天时间在岛上，但我们又想周游全岛，就没有办法啦，我们只好每天开车跑到一个新的地方，当然要再换一个旅馆。

今天我们刚刚在一个叫做“润空”的小旅店住下，这是一种只有“床”和“早餐”的旅店。这个旅馆位于岛屿的西面，地势较高，我们驱车路过了许多陡峭的山崖才到达这里，而且，今晚我们是这里唯一的客人。我们订了一间正对泳池的小房间。这镇子远比我们从地图上认识的小得多，我们出去游了一会泳，找了个地方吃了晚饭。现在我们已经在时间上落后于我们的原定计划。

谢谢你借给我你的高级相机。我们已经用它拍了很多照片。昨晚我太累了，想先睡一小会儿，再出去玩，但没想到一下睡过了头，醒来时已是夜里3点钟了。我们原想在圣胡安吃个晚饭，再跳跳舞，体验一下当地人的夜生活。因为我们的行程安排得很紧，只打算在这儿待一个晚上，所以永远地失去了这个机会。真后悔。

明天早上天亮后我第一件事就是去游泳池游泳——这儿的游泳池不同于在我

们前面的游泳池，它紧挨着大海，周围有无数的热带树林，那种纯自然的风光会让你觉得身处大自然的怀抱里。

我很想你，妈妈！希望你一切都好。

第三天 5/7

你好，妈妈。是的，我们有一个 GPS，这对我们很有帮助。

今天早上我醒得很早，现在我正坐在泳池边，欣赏着美丽的森林和大海。事实上，这就是加勒比海。你知道有一个女儿有多好吗？我的朋友道米只告诉他妈妈他要去旅行，然后就回家后再见，我却每天都写信给你。

你一定会为我高兴：我很高兴收到了 Goldberg 教授的邀请信——他已经决定给我奖学金了！我收到了录取通知书！你是不是也觉得我能到他那儿做研究很难得？但我却不知道该怎么办了。因为 Lupica 教授的研究课题也很吸引我，但 Lupica 教授还没有给我回话呢。你一定认为我应该赶紧写信给 Goldberg 教授回信说我同意去他的实验室？他明天就要出发去中国 10 天，所以我也觉得我应该现在就告诉他我是否同意接受他的聘用邀请。（这里要说明一下，那时贝蒂刚刚从马里兰大学生物系毕业，并申请了美国国家科学研究院毒品研究所的一份实习一年的奖学金。这是美国联邦政府为了奖励和鼓励立志从事医学和生物科学研究的大学毕业生而设立的，每年申请人无数，但名额非常有限，所以被录取的人会感到非常的幸运和骄傲。贝蒂也一直在申请这个奖学金，并且已经参加了两个教授和他们的研究小组面试，正在等待他们的回音。）

第四天 5/8

妈妈你好：

我刚刚给 Goldberg 教授发了个电子邮件。我说感谢他对我提供这么好的机会，但是，我还不能马上做出决定是否接受这个邀请，我需要等几天。

我不管他高不高兴，反正这是我的真实想法。

我们现在在一座叫 Fajardo 的城市。昨天我们因为住在一个糟糕的旅馆，所以没有网络，即使现在我们换到一个好得多的旅馆，也不得不到大厅才可以上网。

今天我们开车（道米在开车，我负责欣赏风景）从岛的左下角到右上角，路途很长，但是风景很漂亮，一路上都有芒果树！橘红色的芒果又大又甜，我们先吃了好多，然后道米和我捡起地上落下的芒果，在巨大的芒果山上打仗！

我们要去吃晚饭了，我打算找些陆地蟹。这儿的地上到处都是它们的洞穴，我们计划用手电筒把它们找出来，如果我们一个都抓不到的话，就去餐厅里点一些吃。

明天我们打算去 El Yunque 国家公园，明天一天都要徒步，我们要尽情地享受美好的大自然：瀑布，大树，鲜花，野草……

有关工作：Goldberg 教授昨天给我回信了，我会把邮件转发给你，他让我等到下周三。我仍然不确定我是否应该给 Lupica 教授回信，如果回的话，我该说什么？

晚安，回聊！

爱你，你的女儿

第五天 5/8

妈妈你好：

因为你昨天没有给我写信所以我也没有给你写信，而且我给你打了两个电话，还给你留下了信息。这儿的网速实在是太慢了，我都不知道电脑是否连接上了互联网，而且还不是哪里都能上网，有些地方网络只覆盖了大厅的部分区域，所以我们没法在房间上网。

我很担心我的那些植物，很高兴听到你在好好照顾它们。但我真的很担忧。这几天下雨了吗？我真的很担忧，希望等我回去的时候它们不会都死了。很高兴你的朋友给我弄了一些种子，期待看看都是什么种子。我很高兴自己能对植物感兴趣，我觉得我现在可以在生态旅游中找到乐趣了，我可以去雨林和山上欣赏它们的美。这是个逐渐形成的过程。昨天我们一整天都在雨林里徒步，我们爬到了山的最高点，我都筋疲力尽了！我们花了整整五个小时攀爬那些陡峭的小路或者乱石嶙峋的小径，真的太艰难了。我需要休息休息，但道米却完全没问题，我真的很惊讶。

我们今天到了波多黎各外的一个叫做 Vieques 的小岛上，我们是在早上乘坐一个八个座位的小飞机到这的，这趟行程花了不到十分钟，真的很棒，我坐在副驾驶的位置，让道米坐在飞机后面。

我们今晚要去有发光生物的海湾，所谓的“奇幻荧光海”。这儿的太阳真的很强烈，道米和我即使擦了防晒指数70的防晒霜还是被晒伤了。

现在想想，希望Goldberg教授尽快给我回信。他有一些贯通科学和自然的文章……

我也许要在今晚做出决定。你觉得呢？因为他明天就要离开了，或许我们可以通过电脑沟通，因为他已经给我发出了这个职位的邀请函，所以我相信他不会在出差时面试其他人，我应不应该花时间等Goldberg教授的消息呢？

……

妈妈：你一会儿说你为我骄傲，一会儿又说你对我失望。想清楚了，你到底是为我骄傲还是失望？哈哈——

但是，不论你是对我失望还是为我骄傲，我都是你唯一的女儿！

Goldberg教授年纪大了，他是行为神经学分支的临床药理学的带头人，Lupica教授是细胞神经生物学分支的电生理学方面的领头人。妈妈你是知道我的，与细胞学的研究相比，我更喜欢行为学方面研究、动物实验等等。所以这对我来说实在是一个艰难的决定，而且新大楼看起来要令人振奋得多。Goldberg教授实验室里的人年轻又充满活力，而Lupica教授的实验室里，人们几乎都不说话，整天坐在他们单调的实验室的显微镜旁。所以Goldberg教授也许会写信给我说很遗憾，他选择了其他人，否则我没法下定决心。

我们住在一个被称作“英国玫瑰床和早餐”的地方，他们这儿的早餐可能是镇子上最好的了。而且因为我们住在这儿，早餐是免费的。

蚊子多得都要杀了我了！我们一到这里办理入住手续时，我就被蚊子叮了三个又红又肿还奇痒无比的包。昨天晚上我的屁股和膀子上又被叮了，一整天我随时都在给自己喷上防蚊喷雾，我不知道为什么这些该死的蚊子这么喜欢咬我！

但是妈妈你不要担心，我一切很好，只是要防止太阳的暴晒和蚊子的叮咬。

好了，Lupica教授知道我要出去旅行一周，所以我觉得我在回美国之前不用再写信给他了。另外，我写了信给Goldberg教授，我告诉过你，所以我只能等他回信了。

第六天 5/9

妈妈：只是想告诉你我想念你——但我今天没时间和你交谈了，我稍后写信给你。

第七天 5/10

妈妈，我们刚刚经历了一场无比惊险的事：我们租了一条皮艇，去到那个著名的生物发光海湾。那儿的海水绚丽夺目，我们可以看到它真的在发光！水里有很多小鱼，也有一些大鱼。我们从远处（大概 10 米远的地方）看到了一条大鱼，于是我们划着皮艇向它靠近，我们想看看这是条什么样的鱼。当我的桨离它很近的时候，它突然向我们快速游了过来，然后跳出了水面——它真的很大，差点落到我们的皮艇上！无数的浪花被溅了起来，掀起的波涛差点把我们的皮艇翻到海里。我们吓得要命，赶紧夺路而逃！等我们划到了一个安全的地方时，回想起刚才的经历，我俩都仰头大笑了！

妈妈，看到海水发光真的太神奇了——特别是，当闪光的海水和天上茂密的繁星相互映辉，实在是太绝妙了！

妈妈，我知道你还从来没有见过生物发光海湾。其实是因为它含有数以百万计的被称为“甲藻”的微生物，当水体被搅动的时候，它们会在黑暗中发一秒钟的光。这是一种罕见的自然奇观，在波多黎各有三个地方可以欣赏到这种景观。最好是挑选一个漆黑的夜晚去看闪光，或是在没有月亮的夜晚，效果会更明显。也最好是在温暖的夜晚（夏季比冬季更亮，无雨比雨天好）。但即使是在不太理想的夜里，生物发光也是显而易见的。据说这种现象非常脆弱，很容易就会被滥用的机油、污水、驱虫剂等等摧毁（因为是帕尔古拉湾）。

但愿你也在这儿，妈妈！

好了，我明天再继续谈。爱你，再见！

第八天 5/11

妈妈，你好！

你今天没有写信给我，我希望你昨天收到了我写给你的两封邮件。我通常给你写一封信就能收到你的四封信，所以你一封也没回叫人很不可思议。

我们刚刚入住一家旅馆，也是最后入住的一家。这趟旅程对我来说，非常有趣，但我也为这个岛的蚊子做出了很多贡献，每天我都被蚊子叮咬多处，也许我就是为了喂蚊子才来到这个岛上的！

无论如何，明天不要忘了来机场接我们！爱你，贝蒂。

第九天 5/12

刚刚检票，飞机计划于4:40PM到达，但我们有可能提前到达，所以如果你能提前一会儿到，我会很感谢——妈妈，我想早点儿见到你，哪怕只是早几分钟！

你能为了我每天给植物浇水真的太可爱了。我很开心，因为我真的很担心那些植物，家里其他的植物还好吗？我很高兴番茄又开了几朵花了！那意味着等花谢了以后就会长出番茄来了！

去中国的旅行听起来很不错，我刚刚确定我的工作可以允许我去中国旅行。你知道我现在每天都起得很早吗？有的时候六七点就起来了，今天我是七点半起来的。我不知为什么会这个样子，但感觉还不错。我的朋友总是睡得很多，我还不得不叫醒他。这是我们在这个迷人小岛上的最后一天，要去吃早饭和散步，然后我们开车去机场。这儿有一种叫作mayorca的美味糕点，我也许会吃一块当早饭，再多买一块给你带去。波多黎各的烹饪不太好，所有的东西都撒上了面包屑而且还很油腻，又难吃又叫人恶心。我们只吃了两顿好吃的饭，等我们见面后我给你看照片——我知道你最爱看照片，我照了好多！

未来的世界是没有国界的，只有一片大大的天空任我们的下一代自由地飞翔、梦想和创造！我相信，不论是晴空万里，还是乌云密布，或者电闪雷鸣，贝蒂都会在人生的道路上，挺胸昂首，永往直前！

独自在欧洲旅行

青年旅馆是年轻人在欧洲旅游最爱住的地方，又便宜又有机会结交来自全世界有共同兴趣的朋友。家长可放心地让孩子自己去旅游，接受欧洲文明的陶冶，孩子们会因此发现崭新的自己并获得经验，变得成熟。但是，别忘了要求他们把美妙的经历传送给你！

华盛顿达拉斯国际机场，一个 20 岁出头的苗条少女，正向候机室走去。

这是一个典型的东方女孩子，圆圆的瓜子脸上，有一对细长乌黑的眼睛。又直又黑的长发软软地飘逸在身后，一个又高又肥壮的特大号旅行包，背在身后竟然比她的头还高出几英尺。背包一定非常沉重，因为只见她不断地把身子往前倾，好像一不小心，那沉重的大包就会仰面向后带着她一起倒下。她的胸前还挂着一个同样是鼓囊囊的普通大小的背包。

这是贝蒂上医学院后第一年的暑假，决定只身一人去欧洲旅游。因为她知道这是她一生最后的一个长假期。她计划花一个月的时间，先从华盛顿飞到西班牙的巴塞罗那，途经瑞典的日内瓦，在西班牙还要去塞维利亚，然后从巴塞罗那飞往意大利的罗马，从罗马去米兰，然后再到巴黎和阿姆斯特丹，从阿姆斯特丹乘摆渡轮船去伦敦，最后从伦敦回到华盛顿。每到一个城市，她都会住在廉价的青年旅馆，而青年旅馆是年轻人在欧洲旅游最爱住的地方，很便宜，又往往坐落在各个都市最中心、最热闹的地方。最让她激动的是，她已经与她少女时的挚友，一个可爱的犹太姑娘事先有约，在意大利的罗马相聚，一起游玩。

我目送着她走远，一阵忧虑涌上心头。我相信这是每一个当妈妈的自然感触。

像是感受到了我的心事，贝蒂轻轻地转过身来，微笑着俏皮地对我喊道：

“妈妈你放心吧——别忘了，你女儿是在以色列长大的！”一句话说得我立刻释然了。

我抬头仰望，一架波音747飞机正飞往碧蓝无垠的天空——贝蒂正张开一副在以色列练就的翅膀，在广阔的天空翱翔！

以下是我收到的来自欧洲的邮件。

日内瓦

妈妈：

我现在在从日内瓦到巴塞罗那的飞机上给你写信。你给我订的机票要在日内瓦中转。因为有近4个小时的时间，我就出了飞机场，去市中心逛一逛，看看这个著名城市的市容。我知道瑞士是一个山清水秀的国家，从东向西延伸的阿尔卑斯山高耸入云。瑞士最大的河流莱茵河秀丽清澈。全国到处绿地覆盖，有“世界公园”的美誉。由于瑞士拥有很悠久的中立国历史传统，自从1815年以后从未卷入过战争，许多国际性组织的总部都设在瑞士，如世界卫生组织、红十字国际委员会、世界贸易组织。联合国万国宫是我最想去的地方，还想去看自由自在地在公园中活动的孔雀，只可惜时间太紧张，怕误了飞机，没有去，来日方长，下次吧！

我终于按时赶回了瑞士机场。尽管来去匆匆，但这个美丽、富饶、和平、安详的城市给我留下了难忘的印象和遐想。

巴塞罗那

妈妈：

是我太喜欢睡觉了，还是医学院第一年无尽的学习和考试把我的精力都预先耗尽了？我在从华盛顿到日内瓦的飞机上睡了一夜，然后从日内瓦市中心回来后，又在等候去西班牙巴塞罗那的候机室里睡着了。幸亏有一个像我一样独自外出旅游的学生把我给摇醒了！然后我又在飞机上睡着了，最遗憾的是我甚至错过了飞机上发的瑞士巧克力！直到飞机上的人都走光了，我才醒来。

在巴塞罗那机场下飞机后，我背着两个背包，大的背在背后，小的放在胸前，一大一小，一前一后，我想我看上去一定很滑稽。它们随着我的步伐越来越重，真不知我的肩膀上能扛多重的东西，才不至于到达把我肩上的肌肉撕碎的极限！几经辗转，我终于顺利到达了预先订好的在巴塞罗那的青年旅馆。

这个青年旅馆有4层楼高，200多个床位，一个晚上收费15欧元，但租一条浴巾却要2欧元！我在背包里塞进了所有必须的东西，但却忘了带浴巾。我问了这儿的人，听说附近有一个中国商店，就去买了一条，花了5欧元，但它又柔软又舒服，我要把它一直带在身边。一会儿我要去认识几个年轻人，然后我们一起结伴去玩。到了旅馆我才知道，我以为我的背包很大很重，但实际上我看见其他来旅游的年轻人的背包比我还大。我要在这儿住三个晚上，然后去西班牙南面的城市塞维利亚。

巴塞罗那是西班牙第二大城市，位于伊比利亚半岛东北部，面临地中海。这个城市是一座艺术之都，是探寻欧洲艺术奥妙的宝地，她还拥有迷人的海滩和地中海柔和的阳光，你可以饱览地中海岸的迷人风光，感受欧洲历史和文化的辉煌和魅力。这里也是一个著名的足球之城，到处可以感受到球迷们的狂热。

我到达巴塞罗那之前曾做过一些搜寻，其中以“巴塞罗那多彩三日游”的旅游广告最诱人：第一天游览毕加索博物馆、加泰罗尼亚音乐厅、加泰罗尼亚广场、兰布拉大道、古埃尔宫、哥伦布纪念碑和奥林匹克港；第二天游览巴特罗之家、米拉之家、圣家族大教堂、古埃尔公园；第三天游览西班牙广场、加泰罗尼亚国家艺术博物馆、西班牙村、蒙锥克城堡、米罗基金会、诺坎普球场。我多么想参加这三天的旅游，将这些美丽的地方统统走遍，但我在巴塞罗那一共只有三天的时间，而且，参加旅游团的费用也太贵，所以我没有报名参加任何团体旅游。我会自己一个人，或是和青年旅馆新结识的朋友们结伴去玩！

……

我们的旅馆很简陋，但也很温馨，房间里有6张上下铺的床。12个人只有一个卫生间。有一个韩国女孩，一对意大利夫妇，我还没有见到其他两个人呢，但大家都是年轻人。昨晚我们一起去了酒吧，很开心。今天我和昨晚刚遇见的一个澳大利亚女孩和一个美国来的女孩去哥伦布纪念碑附近游玩。这两个女孩都已经去过世界许多国家旅游。一路上她们给我讲述在各国的旅游经历，真的使我又羡慕又嫉妒，我睁大了眼睛看着她们两个几乎与我同龄的女孩，恨不能把她们的每一段经历都记在心上，或者也到她们去过的地方去玩。

我知道很多人都爱旅游，但对我来说，游览世界名胜古迹、美丽河山固然让人激动，但在一路上所见到的不同的人，他们那些与我迥然不同的文化、家庭、宗教、生活的故事和经历，更让我感到新奇和振奋。这也是我愿意独自旅游并广交朋友的原因之一吧，就像我的朋友卡迈尔、丽然子和奥塔尔一样！

好了，现在我要去吃点早餐。我打算在开始游览前吃些东西，然后一整天就光喝水不吃东西，我在旅途中很难吃得下去。这样又节省时间又不用花钱——真正的一举两得！

……

今天我也需要去买一个锁，把我的东西锁上。市中心离我们的旅馆有15分钟的路程。旅馆里有桑格利亚酒和一些西班牙小吃，我已经登记了。一会我要去一个附近的酒吧。这儿的夜生活太让人兴奋了，很少有人夜里两点之前回旅馆的。我刚跟一个女孩聊天，她说她昨晚过得太开心了，所以她在其他地方睡觉，到现在才回来。谁知道她昨晚在哪里过的夜！

好了，我要去洗澡了——我又累又饿，在这儿，巧克力到处都是，但是我不会买的，一是因为我没有多余的钱买，二是因为我要减肥。但如果你在这儿的话，我会给你买那种新月形的脆脆的糕点，和那种软软的巧克力饼，我知道你一定爱吃！

……

妈妈，你吃过西班牙海鲜饭吗？那是这儿的传统食物，做法很精致，先用橄榄油把锅加热，放进鸡胸肉或火腿，然后再加入大葱、大蒜、辣椒、芹菜等，然后加入大米。煮开后加入各种海鲜，如虾、蟹、蛤、蚌，再放入香肠、胡椒、盐等各种作料，用很小的火煮很长的时间。这儿到处都能吃到这道餐，很好吃。我在美国也多次吃过，但从没有这么地道。你下次到了西班牙，千万别忘了点这道菜！

……

昨晚我们的房间来了一个从新西兰来的小伙子，长得很可爱。他睡在我的上铺。今晚他带回了一个女孩，然后他们两个人都爬上了我的上铺，把床弄得咯吱咯吱地响，而且左右摇晃。我真是担心他们会把床给晃倒或者晃塌陷了，然后他们就会连人带床板压在我的身上，定会把我压成一张纸！但我一直忍受着没有抱怨，直到我对面床上的一个意大利人，开始用意大利语对他们大声地喊叫了一气，他们才停止了在床上激烈的活动。不管怎样，这个从新西兰来的小伙子真的不该把女孩带回这个他与其他5个人共住的房间！至少应该替别人着想点吧。

从前一直都听说罗马和巴塞罗那的小偷特别多，并且技艺高超，昨天我还真的见识了这个严酷的事实！与我同室的那个意大利女孩的皮包被偷了，小偷偷走了她钱包里的500欧元，但这个小偷还算有良心，把她的护照给留下了。对我来说有趣的是，这个女孩的普拉达手提包价值超过1000欧元！这个小偷一定对名牌包没有鉴赏能力，否则不会如此心善。有一次我经过一个皮包店，看见一个价值200欧元的包，非常喜欢——但我只是喜欢它，并有些心动而已，妈妈你知道我是绝不会买这么贵的包的！

塞维利亚

妈妈你好：

我现在在塞维利亚的一个十分温馨的旅馆里给你写信，这是一个很小很可爱的青年旅馆，已经是凌晨2点钟，我累得不行，给你写完这封电子邮件后就去睡觉。

从巴塞罗那来到塞维利亚的途中一直麻烦不断。为了按时起床，我设了两个闹钟，但都没有响——不知是它们没有闹，还是我在梦里根本没有听见，结果直到九点一刻我才睁开了眼睛。我订的是上午十一点十分的航班，去机场又要花至少一个半小时。我立刻跳下了床，以最快的速度匆匆打好我的紫色背包，然后我一边和朋友告别，一边穿上昨天穿的衣服和裤子。我几乎是一路小跑跑到了地铁站，但到了那儿后才发现跑偏了，也不知道怎么从那儿乘地铁去火车站。今天天气很热，我大汗淋漓，汗水从头发上往下淌，刺痛了我的眼睛。我强迫自己冷静了一分钟，最终决定乘出租车去飞机场。出租车在街道疾驰着，我心里焦急异常，怕误了飞机，但我强作镇静，默默地对自己说："你起晚了，这已成现实，你已经没法改变这个现实，所以再紧张、再惊恐也无济于事，所以冷静点，只是要记住教训，今后不要再睡过了！"但我还算幸运，一路上非常的顺利，没有交通堵塞，这在巴塞罗那是少有的。虽然多花了 28 欧元，但我终于准时到了机场。

我发现我喜欢认识新的人和尝试新事物，也热爱探索和思考，并不断发现自己。

因为我不想在飞机场花 30 欧元寄存我的行李，我就背着背包走了三十分钟的路。而且我只有一双鞋，脚上也磨出了水泡，这我倒不在乎，最遗憾的是我昨晚忘记了给相机充电，所以我只好节省着用。太阳镜也不知被我丢在什么地方了。

下午到达了塞维利亚。办妥了入住的所有手续后，我住进了一个六人间的房间。我遇到一个叫丹妮卡的女孩，今年刚满20岁，她是夏威夷一个烹饪学校的学生。之后我们一起在旅馆里品尝了一些免费的桑格利亚酒和一些小吃，然后在日落的余晖下游览了塞维利亚这个美丽、典雅的城市。我们都喜欢走路，所以几乎是徒步穿越了大半个城市，许多街道都是窄窄的，纵横交织着，一盆盆的鲜花整齐地开放在房前屋后，到处给人一种温馨的家的感觉，所有擦肩而过的人们都很友好，往往主动向你点头微笑。

……

今天我和丹妮卡结伴出去玩了一天，游览了最著名的西班牙广场（Plaza de Espa a）。这是塞维利亚最容易辨认的建筑物，是西班牙摩尔复兴建筑的缩影。该广场是一个巨大的半圆形，广场中心有一个巨大的喷泉。造型典雅、连续不断的金黄色建筑环绕在广场的边缘，里面经常有各种大型的展出。人们可通过护城河上的许多美丽桥梁到达各个展厅，或租小划艇沿护城河漂流看展览。

塞维利亚是西班牙南部的艺术、文化与金融中心，是西班牙第四大都市。瓜达尔基维尔河从市中穿流而过。古市区的建筑仍然保留着几个世纪前摩尔人统治过的痕迹。塞维利亚曾是一个重要的港口，西班牙的船队从新大陆运来大批黄金、白银，经过塞维利亚转运往欧洲各地。塞维利亚举办过 1992 年的世界博览会。瓜达尔基维尔河上的一座圣地亚哥·卡拉特拉瓦设计的阿拉米略桥便是为此而建的。

塞维利亚在欧洲和世界文学史上很有名，《唐璜》的传说就是以塞维利亚为背景的。塞维利亚也是许多歌剧的主要背景，最为著名的是比才的《卡门》（改编自梅里美的同名小说）以及罗西尼的《塞维利亚的理发师》；还有威尔第的《命运之力》、贝多芬的《费德里奥》、莫扎特的《唐·乔望尼》和《费加罗的婚礼》等。

塞维利亚和最重要而又传统的吉卜赛区特里亚纳，是弗拉明戈发展的中心。所以我又和丹妮卡慕名看了一场弗拉明戈表演，长达一个半小时，应该说还算不错，但我总感到有点失望，因为我在巴塞罗那看的弗拉明戈表演非常精彩，我以为我可以在塞维利亚看到更精彩的表演呢，因为弗拉明戈表演是在塞维利亚起源的！

晚上我们一起去了旅馆员工推荐的一个地方餐馆吃了西班牙的小吃——简直太好吃了！我们吃了山羊奶酪、鸭肉酱、蘑菇、菠菜、炸虾、鳕鱼、鸡块和果酱、茄子，还有两份甜点，总共每人14欧元。很美味，虽然这超出了我10欧元一天的预算，我还是一点都不后悔！

……

明天就要离开塞维利亚了，但今天发生的一件事很令我惊叹，甚至愤怒。

妈妈你知道，斗牛赛是西班牙的传统节目，往往非常惊险。我的一个从巴西来的室友告诉我，因为好奇，他下午去看了场斗牛赛，最后他实在不忍心去看那些流血挣扎的可怜的牛，提前离场了。“太残酷了，太残酷了！”我这个室友不断地说着，他说会不惜一切，只要能把他进斗牛场的经历从他的记忆中消除掉！我原以为一场比赛只会杀一头牛，但实际上他们要杀很多牛，至少是六头牛。而且他们用各种武器去刺杀哪些可怜的动物！听了他的描述，我简直没法想象这种残忍的表演竟然从古代一直持续到现在。我真的希望西班牙会禁止这种表演！但因为它是一种传统和历史文化的产物，恐怕很难绝迹，但这种行为太残忍而且太反人类文明了！我从来没有计划去看斗牛赛，现在我更是庆幸自己没有去看斗牛赛，而且不管我多么的好奇，我发誓这辈子也绝不会去看斗牛！

洗了澡，用一件穿了两天四夜的T恤擦了身子，因为我不想再花2欧元从旅馆租一条毛巾。不过明天我会去一家中国人开的小店买一条5欧元的毛巾，是我的一个室友告诉我的。

明天我会去看更多的景点，我也要好好计划一下剩下的行程了。

好了，晚安妈妈！我会试着给你打电话的！

……

今天早上我起得比计划的早很多，好有足够的时间做准备，准时赶上去巴塞罗那的飞机，但我坐错了地铁，同一个站台上有两班地铁而我坐上了反道的地铁。三十分钟后，当我看到车窗外一片汪洋的大海时，我知道我犯了一个天大的错误。这是我平生第一次没有因为看到大海而兴奋！我浪费了半个小时在相反的路上行驶，又花了半个小时回到了我的起始点，这样我就没有多余的时间去乘机场大巴了。于是我决定第二次打车去机场。这段时间我一直在想我到底出了什么问题，三次去机场，两次都要打车，我没法负担打车费（28 欧元和 26 欧元）。我很生自己的气，因为我知道该怎么去，而且我都去过那里两次了！我到底中了什么邪以至于犯了这么多的错误？

……

罗马

妈妈：

我现在罗马的一个青年旅馆里给你写信——在我身边的丽然子让我转达她对你的问候，并希望你重返以色列！她说她全家人都很想你，尤其是她的妈妈奥莉！

你知道的，我早就与丽然子相约，在罗马玩。当我到达的时候，丽然子已经在旅馆里等我了。重逢的喜悦是难以形容的，更何况我们是在这个意大利首都、世界著名的历史文化名城罗马重逢！我们紧紧地搂抱在一起，久久地不松手，然后我们坐在上下铺的床上，没完没了地诉说彼此的生活、家庭，和最重要的，我们的男朋友！

丽然子刚刚结束她的军营生活，这也是她第一次出国旅游，我也是第一次到罗马。三天在罗马的旅游，我们形影不离，一起畅游这个集古典和辉煌为一体、庄严和浪漫完美结合在一起的美丽城市。这个古罗马帝国的发祥地，因建城历史悠久而被昵称为“永恒之城”——许多罗马最著名的景点，如威尼斯广场、万神殿、罗马歌剧院、西班牙广场、梵蒂冈博物馆都留下了我们的足迹。

典型的意大利人喜欢慢节奏、精致细腻的生活，和美国人快节奏的生活方式完全不同，罗马也有一些美式快餐店，但顾客几乎都是游客。与大多数欧洲人一样，罗马人非常友好，不论你是问路还是打听其他消息，他们都会非常热情、耐心地给你解释，当然很多人的英语不是很好，交流会有些问题。有一次我们拿着一张地图要找一个商店，向身边走过的一个很和善的中年男子问路，他显然不会英语，向我们用手指划了半天，看我们还是听不懂，就让我们跟着他往前走，一直把我们带到我们要找的地方。一路上他仍然慢慢地、一字一句地用意大利语对我们说话，努力想让我们听得懂，那一脸真诚的笑意真的很感动人！

如果说中国人最讲究烹调，那么意大利人的烹调艺术则是全世界闻名的。虽然丽然子和我每天精打细算地花钱，我们还是禁不住那意大利面条的诱惑，走进一个装饰不太讲究的饭店饱餐了一顿。那色香味美的感觉就是与在美国的意大利餐馆不一样！

离别罗马、离别丽然子的时间到了。我依依不舍地与她告别后，去赶从意大利中心车站发车去米兰的火车。事实证明，我的乐观主义只是盲目地逞强，是天真抑或愚蠢。飞机是晚上八点的，我以为我能赶上五点半中央车站的火车，即使晚了半个小时也能赶上六点半的那一班。但当我到达火车站时，我立马就被信息的缺乏和里面拥挤的人群搞得晕头转向了。一个前后背着两个包的女孩子站在川流不息的人群中束手无策！但几经挫折，我最终还是买到了火车票，乘上了火车，那时已经是晚上9点钟，而不是我原本规划的6点钟！

幸运的是，我有一个朋友在米兰的火车站接我，所以多晚到达也没有关系——所以妈妈你不用担心我的安全问题。

巴黎

妈妈你好：

我今天终于到达巴黎了——这个全世界人向往的地方！为了你的愿望，也为了能够吃到在巴黎居住的表姨做的中国饭，我住进了一个靠近中国城的青年旅社，位置很理想，步行没多远就可以走到塞纳河边了。

刚刚把我沉重的背包放下，拿到房门的钥匙，我就和也是刚刚到达的一位从美国弗吉尼亚州来的室友雅思明一起，在日落的余晖下首次欣赏了这个美丽而又浪漫的城市。我们在塞纳河边散步，巴黎圣母院的侧影和它那高耸入云的尖顶，在夕阳的照射下是那么古老和优雅。一艘艘满载着世界各国游客的渡轮在塞纳河中慢慢地驶过，人们手提不同的相机，有的在向我们招手问候。我不禁也举起相机，恨不能把这些美好的景致永远留在我的大脑深处。

雅思明和我一边欣赏着美丽的巴黎，一边不停地为对方拍照留影，稍有空隙就急切地向对方介绍自己，又都有问不完的问题。雅思明是弗吉尼亚州立大学化学系第四年的大学生，正在想着明年报考医学院，听说我已经上完了医学院第一年的课程，就很想知道我对繁重的学习和将来做医生的感受。我告诉她，学医是很辛苦的，一定要有坚定的信念和不屈不挠的意志，但对我来说，我觉得将来能用自己学到的本领解救人类的疾苦，帮助那些需要帮助的人，再苦也值得。她又问了一些问题后，认真地说："谢谢你，贝蒂，谢谢你帮助我坚定了学医的信念——这是我这次独自旅行最大的收获。"我们的家和雅思明的家在美国距离不到80公里，但我们却在巴黎这个小小的旅馆里相见相识！而且很自然地，我们见面后就像真正的"老乡"一样，感觉很亲近。

我感到很欣慰。决定学什么专业，和将来要做什么，是人生一件重大的事，而有的时候，一件偶然的事情、一个偶然遇到的人、一句看似平常的话，也许会对一个人一生道路的选择起到深刻、重要的作用。我很高兴能以自己的亲身经历对雅思明的学医目标起到促进的作用。

走着走着，天渐渐地黑了下来，塞纳河两岸的建筑楼群花灯初上，巍然屹立在塞纳河畔的埃菲尔铁塔也开始灯光闪烁，这座高300多米，相当于100多层楼高的镂空结构铁塔是全体法国人民的骄傲，也是全世界建筑史上的骄傲。铁塔设计新颖独特，是世界建筑史上的技术杰作，是法国巴黎的重要景点和突出标志。埃菲尔铁塔曾经是最失败的建筑，现在却成了法国乃至全世界最吸金的建筑地标。埃菲尔铁塔经历了百年风雨，仍然风采依旧。塔山有无数个不同颜色的灯泡，傍晚和天黑后，每到整点时就华灯齐放，把这个威武的铁塔装饰得五彩缤纷，在塞纳河波光盈盈的河水的反射下，显得似幻似梦般美丽多姿。

接下来的三天，我们又结伴游玩了卢浮宫、凡尔赛宫、小凯旋门、巴黎歌剧院、圣心殿、卢森堡公园。

在欧洲很多国家，尤其是在巴黎，一道最可爱的风景是在广场或者街角的咖啡店里，这些咖啡店夹杂在鳞次栉比的欧式古老建筑群中，人们一对一对地、肩并肩地坐在店外的椅子上，面对着大街或店前的小过道，细细地品尝着香喷喷的咖啡。如果你夸赞他们的咖啡味道纯正，他们更会引以为豪地告诉你怎么区分不同品牌的咖啡豆。你会发现不论男女老少都会在这里享受生活的悠闲自在，然后和认识或不认识的朋友神侃一个下午或晚上。尤其是在周五或者周六晚上，好像全巴黎的人都跑到咖啡店里了，所以你要等很久才能等到两个位子。巴黎人又最喜欢度假，不论穷人还是富人，每年的暑期或者圣诞节期间的出国度假是必须的，那叫做浪漫的生活！

阿姆斯特丹

妈妈：

今天我乘火车从巴黎来到了荷兰首都阿姆斯特丹。作为荷兰的第一大城市，阿姆斯特丹曾历经了从渔村到国际化大都市的发展过程，经历了无数的辉煌与破坏、成功与挫败，以及世界大战的洗礼。她的历史也是荷兰历史的一个缩影。阿姆斯特丹的“丹”英文是“水坝”的意思，表明了该城市的起源：一个位于阿姆斯特尔河上的水坝！12世纪晚期一个小渔村建于此，而后由于贸易的迅猛发展，阿姆斯特丹在荷兰黄金时代一跃而成为世界上最重要的港口。在那个时代，该城是金融和钻石的中心。19和20世纪，该城扩展，许多新的街坊与近郊住宅区形成。

阿姆斯特丹是荷兰的金融和文化首都。许多荷兰大型机构的总部都设于此，其中包括飞利浦公司。作为全世界最著名的旅游城市之一，阿姆斯特丹有很多旅游景点，包括历史悠久的运河网、荷兰国家博物馆、凡·高博物馆、安妮·弗兰克之家、红灯区以及许多大麻咖啡馆。

我在阿姆斯特丹计划住三天，第一个要去的地方是安妮·弗兰克之家。安妮之家就坐落在市中心王子运河的267号，离我住的旅馆只有20分钟的步行路程。这儿是所有来到阿姆斯特丹的人必去的地方。从外观上看，这座房子就像是美国连体别墅中的一栋，但这里曾经是美丽可爱的犹太人小安妮为躲避纳粹藏身的地方。现在这儿成了一座闻名世界的博物馆，永远保留着安妮当时生活的原样，还陈列了荷兰犹太人在二战中苦难逃亡的历史遗品。这里成为不能遗忘这人间悲剧而要不断拜访的地方。

我早就听说那里每天有很多人，有时要等几个小时才能够进入，于是就早早地去了，但仍然排了一个多小时的队！排队的人都是来自世界各地的游人，人人都静静地、肃穆地耐心等待着这个期待已久的瞻仰安妮一家故居的时刻，回忆着这个美丽女孩昙花一现、悲惨而又顽强的一生。安妮出生于德国的法兰克福，为奥图·弗兰克一家最小的女孩子，家中还有母亲艾迪斯和姐姐玛格特。由于当时纳粹德国排斥犹太人风气日盛，父亲奥图便放弃德国的事业而将家庭移至荷兰阿姆斯特丹，一家过着较为平顺的生活。但是1940年5月荷兰被德国攻占之后，荷兰的新统治者赛斯·英夸特也在荷兰执行排犹法律，1941年夏天，安妮姐妹也因此转入犹太人学校就读。这段期间安妮开始写日记。1942年至1944年，她和她的家族及其他犹太人都居住躲藏在这个屋子内。整整两年时间，安妮将他们惊恐的、艰难的生活点滴和真实感受全部写进了她的日记中，随着盟军捷报频传，安妮一家一度深信苦尽甘来的日子不远，然而盖世太保还是将安妮一家逮进集中营，隔年安妮因伤寒在集中营里病逝，此时距离德军投降仅一个星期。

安妮的父亲是这场悲剧唯一的生还者，1947年，他将安妮遗留的日记整理出版，这本著名的《安妮日记》很快被转译成几十种文字，而安妮的故居尽量保持着当年安妮藏身时的原样。

我在安妮当初写下她那不朽的震惊世界的日记的小桌椅前流连了很久很久，脑子里想象着她在这里度过的艰难的日子：这个美丽纯洁的女孩，在那黑暗的、灭绝人性的法西斯的摧残下，仍然保留着一份女孩特有的细腻、温柔的情感，用笔为人类留下了一个不朽的杰作——这需要多么惊人的勇气和毅力啊！她的日记成了二战期间纳粹镇压和毁灭犹太人的最佳、最生动有力的见证，几十年来感动和激励了全世界无数的人！

……

我花了半天的时间去参观了位于阿姆斯特丹市内、离我们旅馆不远的荷兰后印象派画家文森特·凡·高博物馆。这个博物馆规模不算大，收藏了凡·高油画二百余件、素描五百五十件和七百多封书信等，重要的藏品有凡·高的《吃马铃薯的人》《向日葵》《麦田群鸦》等，是收藏凡·高画作最多的美术馆，包括从初期的荷兰时期、巴黎时期、阿尔时期直至圣雷米、奥维尔时期的全部名作。馆内还有其他画家的作品、凡·高的生平介绍以及相关历史遗物。这位被称作“荷兰最伟大的人”，是表现主义的先驱，并深深影响了二十世纪艺术，但遗憾的是，他在37岁时患了严重的精神病，后来自杀身亡。

我在阿姆斯特丹去的第三个地方是“红灯区”。

我其实对阿姆斯特丹著名的“红灯区”并不是很感兴趣，但由于是第一次到这个全世界著名的地方，我还是与青年旅馆同室的一个来自伦敦的女孩雅丽同去了。傍晚时分，一条窄窄的运河静静地淌在两条喧闹的街道中间。我沿着有点拥挤的街道往前走，跨过一座小桥，突然看到左前方一个五光十色、灯火辉煌的橱窗，橱窗里面是一个几乎一丝不挂的妙龄女子，只见她纤细的腰身上挂着一条拖地的绿色丝带，装饰用的。这个橱窗就像我们见惯了的大商场的橱窗一样，不同的是此时里面陈列的是一个美丽的女子，一个向所有来往的人献媚、诱惑，以卖淫为生的妓女！她缓缓地移动着手臂、身体和双腿，并不时对走过橱窗的人微笑着，恰似一条美人鱼！

我震惊地、不由自主地停足看着橱窗里的这条“美人鱼”，几乎不敢相信自己的眼睛——世界上真有这样的事吗？这个女孩这么漂亮、这么性感，她难道不能做别的事谋生吗？

雅丽来过多次，她一边拉着我往前走，一边向我解释说：“荷兰的法律使性交易、大麻贩卖交易合法化，它也是世界上第一个使同性恋婚姻合法化的国家。这些在荷兰从事身体交易的女性，大部分都是低收入的、来自其他欧洲国家的穷人。现在，随着世界各国的交流和沟通，来自东南亚、拉美和非洲的橱窗女郎也常常可以看到。阿姆斯特丹的性交易，每年为荷兰创造了很高的经济收入。这些橱窗女郎们的生活是很艰难的，往往要‘三班倒’，为了最大限度地利用这些租用来的橱窗。”

妈妈，你是做艾滋病研究的，听说这些橱窗女郎中的艾滋病发病率比正常人群高出很多倍，尽管她们很多人现在都懂得用避孕套。

我们沿着运河漫步，看着不时轻飘曼舞、含笑招摇的“美人鱼”们，心里却突然沉重了起来：这个世界上的人生活是多么的不同啊！这些漂亮的女子与我的年龄相仿，却选择了这种生活方式，真让我无法理解、无法想象。她们每一个人都有母亲，她们的母亲看见了她们，会如何去想呢？

伦敦

妈妈：

今天我从阿姆斯特丹乘轮渡来到了伦敦，这是一个最好的方法，既享受了豪华的轮渡和清凉的海风，又节约了时间和一个晚上的住宿费用。晚上随着稀稀拉拉的乘客在阿姆斯特丹上船后，我沿着周围宽阔的甲板跑了几圈，然后在餐厅里享受了一餐典型的欧洲食物。只可惜在这浪漫的餐厅里，绝大多数是一对对的人在就餐，每张方桌上都铺着洁白的桌布，中间放着鲜艳的玫瑰花。我则形单影只。望着那一对对靠窗而坐、含情脉脉对视着的恋人，我有些羡慕——这是我出门以来第一次感到有一点孤单。不过那也只是一瞬间的感受而已。反正我已经累得不行，填饱了肚子就倒头睡觉了。

早晨在洁净舒适的船舱中醒来，就到了英国伦敦，伦敦与美国的纽约、日本的东京、法国的巴黎并列，是四大世界级城市之一。返回华盛顿前，我只有一天时间在伦敦，但是我一点都不觉得遗憾，因为你那年曾经带我来伦敦游玩过，我还有很深的印象呢。我在阿姆斯特丹结识的朋友雅思明来我的青年旅馆看我，然后我们一起去了伦敦著名的泰晤士河，在伦敦难得的午后阳光的照耀下，只见大大小小的船只在平静的河水中往来穿梭，十分频繁，构成这座都市流动的、壮丽的风景。伦敦市区的水路交通及码头等相关设施都主要集中在泰晤士河沿岸。“伦敦眼”是伦敦最吸引游人的观光点，坐落在泰晤士河畔，是当时世界第一大摩天轮。我和雅思明坐进了“伦敦眼”，在半个小时的旋转中，到达城市中心的最上空，俯瞰这个闻名都市方圆25英里内的壮丽景色，心中不禁感叹世界的伟大和人生的美好！

……

独自旅游的感想

妈妈：

记得你曾经对我说过：“外出旅游最激动的时刻是返回自己的家！”我现在真的深有感触。今天早上，当我在伦敦的青年旅馆里睁开眼睛的时候，我心里在唱着一首欢乐的歌：“我要回家了，我要回家了！”不管旅行生活是多么的新奇，多么的有趣，家，才是我们最美好的、最永恒的乐园。我开始有些理解人们所说的“叶落归根”的道理了。

不管怎样，有时我回顾这次独自旅行的经历，会意识到，对于我来说，独自旅行意味着探索未知的新奇，所以我有一种异常的激动和兴奋感，最重要的是，发现崭新的自己并获得经验、变得成熟。比如说，有几次我因为动身晚了，坐在的士车上或者火车上，虽然我心急如焚，担心错过航班，但我默默地告诫自己，过度的压力是毫无帮助的。所以与其例行我一贯的行为，用指甲把皮肤掐得刺痛充血，或者紧咬嘴唇，或者不停地拨弄自己的头发，我不如就在那里安静地坐着。虽然我承认我没法完全冷静下来，但我感到一种战胜自己、变得成熟的感觉。

更多有关独自旅行的感悟：它培养了我的独立性、忍耐性和自主的能力，能在犹豫的时候当机立断，做出决定。当然，我很幸运能有妈妈的资助，使我的旅游轻松愉快得多，但我也学会了勤俭节约，旅途中总是试图节省每一分钱。我一直随身带着那条在巴塞罗那中国店买的小毛巾，它又漂亮又轻柔，我沿途一直在用，所以不用花钱去租浴巾了。我遇见过花1000欧元买她喜欢的普拉达手提包的人。另一个女孩去米兰一家家的商店购物直到它们打烊为止。所以和其他人比起来，我的消费绝没有那么疯狂。另外，我从不喝酒——这也省下了一大笔钱！常常听到同室的人谈论他们在夜宵店花了多少钱，真的很让人吃惊。虽然有的时候我因为不喝酒而被人认为是不合群，因为喝酒也许是社交的需要。但我真的因此省了很多钱，我对自己很满意。

有时我也会发现我更加了解自己了，开始意识到自己喜欢什么又不喜欢什么。比如我逐渐体会到自己竟然很热爱欧洲式的建筑！那很奇怪吧？我觉得高迪的圣家族大教堂是如此叫人震惊，以至于我立刻就被它独特的美所吸引——现在我能欣赏到建筑里的艺术了。我还知道我不再那么热衷于购物了。我曾经很喜欢逛商店，即使是一些很蠢的小店也很爱逛。现在我对那些都失去了兴趣，也许是因为我是一个贷了很多款的穷学生，没有多余的钱去享受。但这对我来说确实是一个巨大的改变，我从一个喜欢购物而且觉得所有事情都很无聊的女孩变成了一个建筑爱好者，一个喜欢听美国国家公共电台的成年人。我意识到自己成为一个成年人的时候是在我喜欢上听美国国家公共电台的那一刻。这是不是一种认识到自己步入成年的有趣方式?

就要动身去机场了——真的很想念你，妈妈，明天机场见!

成为美国医生

人各有志。多才多艺、会四门语言的贝蒂最终选择了学医，不是为了金钱，虽然在美国医生的收入比一般职业高很多；也不是为了荣誉，而是为了满足自己对生命奥妙的好奇，对医学知识的向往，也为了能用自己的性格特长去帮助那些最需要她的人。

人生道路漫长，关键只有几步。根据自己的喜好特长，选择大学所学的专业，确定自己未来的职业，应该说是人生一个重要的里程碑。每个孩子长大了都会有自己的理想和抱负。尤其在现今的中国和美国社会，选择的机会太多了。就像在服装店里挑衣服，当有太多琳琅满目的式样可供挑选时，你往往不知选什么好。

我知道贝蒂选择学医，绝不是因为医生优厚的年薪，而是因为她对人生奥秘的好奇，和对医学知识的向往。

在美国，医生的职业是很受敬重的。因为救死扶伤是医生的天职，所以医生的社会和经济待遇都很高。医生的平均年薪要比美国总统的年薪高很多。据美国官方网站的公布，美国总统的工资是 40 万美元，副总统是 23 万美元。而美国普通医生的平均年薪高过 20 万或 30 万美元。一个心血管科或骨科医生的工资可高达 50 万甚至更高。当然，医生的责任也很巨大，而且医疗保险也很昂贵。

像所有同龄的孩子一样，贝蒂也经历了很长的彷徨阶段，不知道如何选择人生的道路。人生难忘的经历很多，很多事情都随着时光的流逝而淡化了，但 2010 年那个冬天的早上，却永远让我记忆犹新。

华盛顿市区的冬天和北京的冬天一样冷，只是风沙少一些。那天窗外雪花飘飘，但屋内温暖如春。8 点过后，我从我的卧室出来，正准备下楼去上班。贝蒂穿着洁白的睡袍从她的卧室向我走来。

"早上好，妈妈。你能给我几分钟的时间吗？"她一脸认真的样子。这些天她都很晚才起床，我们几乎见不到面。

在这种时刻，我当然会忘记世上一切琐事，而当贝蒂的听众。我们就势肩并肩地在楼梯口坐下。

"我认真地想了很多天——我决定报考医学院。"贝蒂看着我的眼睛，一字一句地说。

我心里掠过一丝欣喜。大约有半年了，我一直在等她作出最后的职业选择。上大学时和大学毕业后，她一直有学医的想法，但始终没有能够做最后的决定。

现在，她终于坚定了学医的信念。

"学医——固然很好。但是，你知道在美国学医是需要很长时间的，你现在已经大学毕业了，但你首先要准备医学院的统考，如果考上了，要读 4 年医学院，当 3 年的住院医生，也许还要经过 3 年的专业培训才能够成为一个专业的医生。我相信你已经知道了这些，只是想再次提醒你——你有这个思想准备吗？"我压抑着心中的惊喜，问她。

"是的，我已经想了好久了。我知道我可以找一份轻松的工作，然后找个男朋友成家，这样生活会很舒适。但是，我不想走那条路。"

"你也可以去学法律、世界经济或贸易——你会好几门语言，这是一个很大的优势。"贝蒂多才多艺，并且兴趣广泛，不到 20 岁就熟练掌握了四门语言，中文、希伯来文、英文和西班牙语；她又天生拥有一副美好的歌喉；健康而又苗条的身段衬托出优美的舞姿；又热衷体育，从以色列的卡齐欧中学起，她就是学校女子排球队的主力队员。当初她上中学的时候，别人问她长大后想做什么，她回答说："我还不知道我要做什么，但我妈妈是医生、生物学博士，我一定要比妈妈更强。"对此我很是欣慰。青出于蓝而胜于蓝，这是每一个父母的心愿。

在美国读医学院与在中国不同。考医学院必须先要有大学文凭，然后才有资格报名参加医学院的入学考试。医学院仍然是很难进的学校之一，首先要看大学的成绩，其次要参加医学院统一的入学考试，总分要非常高才有希望被录取。然后还需要参加社区志愿工作的经验，和很有力的专家推荐信。最后是严格的面试，学生必须解答各种问题。各医学院都会按这些标准选拔学生。

回想当初我报考医学院是因为父亲的一句话："女孩子学医很好，而且我们家也需要一个医生。"很多美国人和在美国的中国人也非常喜欢用自己的意愿去影响甚至强迫孩子，有些顺从父母的子女就去选了自己不喜欢的专业，然后要么后悔，得不到好成绩，要么大学毕业后再重新转换专业。我不想让这种事情在我家发生，我希望选择学医是贝蒂自己深思熟虑的结果，而不是因为我这个当医生的妈妈的影响或者愿望。

"我不喜欢那些有关财经、外贸或管理的专业。我对做生意的事一点兴趣都没有。我在大学的时候也曾经选修过一些课程，想体验一下别的专业，但我一点都不感兴趣。我还是想当医生。妈妈你记得你那年带我去旧金山参加世界传染病大会吗？你带我进会场听了一次关于病毒结构的演讲，精彩极了。我还记得去过你们美国国家医学科学院听传染病院长托尼•伐齐的关于'全球健康和威胁'的演讲，那些演讲一直在激动我的心。我想知道疾病是怎么发生的，我想知道怎么去诊断和治疗各种疾病，我也想知道艾滋病为什么到现在还不能根治。我的好友得了一种奇怪的皮肤病，我想知道为什么和怎么去治疗。总之，我对疾病和健康的问题比对经济、贸易、金钱的交易更感兴趣，而且很想问个究竟。所以，当医生是我的使命和奋斗目标。"

贝蒂这一代是幸运的，不论是在美国还是在中国。他们有那么多的大学和专业可供选择。像许多美国的孩子一样，贝蒂也经历过一段时间的等待和彷徨。在选择学医之前，有一年的时间，她不能确定当医生是否是她的最终目标，她能否做个好医生。于是，她决定先申请一份在马里兰医院的洛瑞急救中心的临时工作。报名的人很多，每个申请人要先上几天的课，再参加严格的考试。考试的内容多样，其中一项是医学名词的英文缩写。有几百个英文缩写需要记住。考试前一天，贝蒂让我预考她。天哪，这么多的单词，连我这个做了这么多年医生的人看了都头痛，但贝蒂却几乎全能准确无误地背诵出来！

顺利通过了考试后，她就开始在急诊室轮班。每天跟随急诊室值班医生看病人，并把病史快速输入电脑。一次轮班12个小时。那段时间给了她很多可贵的经验。她见了许多急诊病例，包括休克、脑血管意外、胃肠道急诊，还经常可见枪杀和自杀的病人，学到了许多书本上学不到的经验。从那以后，她就从想当整形科医生转为想当急诊室医生，她认为急诊室医生需要知识全面、当机立断、富有同情心，所以她对天生具备这些素质的自己很有信心。

现在贝蒂经过深思熟虑，终于决定报考医学院。我知道她的性格：一旦认定了她的路，就会坚定地走下去，不论路途有多遥远，有多艰难。从那天起，她一分钟也不浪费，开始为考试做准备。常常一天只睡几个小时。她喜欢在厨房的餐桌上看书，所以厨房的灯光总彻夜通明。学习累了就在沙发上倒下睡一会。

其实她当初在以色列时，就有了“小医生”的称号，当时我们的家离她的学校很近，步行10分钟就可以走到，而很多学生要乘校车回家。她上小学和中学的时候，又正值女孩子的月经期，所以她经常带着这些有“情况”的女孩子回到我们家，安慰她们并提供必要的卫生用品，然后陪伴他们，直到她们的父母来我们家把女孩接走。

有一次，一个生日晚会结束后，孩子们全都在街上等候父母来接回家。这时，只听一个女孩号啕尖叫，原来是正和她玩闹的那条狗，不知道怎么了，一下子在女孩的腿上咬了一口，女孩吓得痛哭起来。这时站在一边的女孩们都惊恐异常，哭声一片。贝蒂却赶紧走上前去，用手压住受伤女孩的伤口，一边安慰着痛哭的女孩，一边指挥别的孩子去给急救中心打电话。

那时贝蒂才11岁。现在她的理想是当个急诊室医生，抢救最危重、最需要帮助的病人。也许这种愿望和素质是从那时开始的吧!

我想起自己在报考大学的时候，其实还不知道医学院要学什么课程，做医生是怎么回事，也不知道生活中还会有其他的行业，就稀里糊涂地因为父亲的愿望填上了医学院的志愿，以至于进了医学院后，面对着充满强烈的福尔马林刺激气味的解剖室，又无奈，又厌恶。

……

对于贝蒂最终选择学医，我心里又欣慰，又有些担忧。医生的职业崇高，但医生的使命也重大，在抢救病人的时候，甚至要冒着生命的危险。

我想起了自己的医生生涯。从中国到以色列再到美国，我不知搬了多少次家，但是，我的床头，总放着一张黑白照片，这是一张小姑娘的半身照：她的右肩搭着一根黝黑油亮的三股长辫，辫梢上扎着橡皮筋，照片上看不到发尾，辫子一定很长；她面庞白皙洁净，没有任何斑点，一双又黑又大的眼睛在柳叶刀样的眉毛下，流露出对知识的渴望和对生活的激情；额头是又宽又大的，听人说这是聪明和智慧的象征；没有灿烂的笑容，只有微微开启的双唇，显示出淡淡的忧伤和无奈；瓜子型的脸，高高的颧骨，穿着一件老式高领衬衣。照片上的女孩不论是用传统还是现代、东方还是西方的审美眼光，都是一个正值青春妙龄的少女。

那是我进医学院时的入学照，那时我才 16 岁。与贝蒂的情况迥异，上医学院并不是我自己的选择，而是我父亲的建议。“女孩子学医很好。”做了一辈子中小学老师的父亲这样对我说。我们那一代人，是对父母唯命是从的。医学院毕业后，我被分配在结核病院当医生。

人们常常把医生比作“生命的卫士”，把护士比作“白衣天使”，其实，这只不过是一种诗情画意般的赞美罢了，每天与死亡抗争、与疾病搏斗、与细菌相伴的医生护士们与芸芸众生一样，琐碎、辛劳而平凡。终日与传染病人打交道的医生护士们则更多了一层艰辛。当 SARS 流行的时候，在中国大陆、香港、全世界各地，有多少医生为抢救病人，自己也病倒，甚至以身殉职。

我自己当了十几年医生，抢救了无数病人，对此深有感触。被我们抢救过来的病人和他们的家属，对我们医护人员们是感激不尽的。结核病人一般都是比较贫穷的病人，也有很多是农民，因为这个病在全世界都被称作“穷人的疾病”。我们是不收红包的，所以很多病人就以各种形式，对给了他们新的生命的人，表示真诚的谢意：我们经常收到一筐鸡蛋、一瓶香油、一篮子花生或一袋大米、一包刚刚从地里挖出来新鲜的蔬菜。这些质朴的情谊，是多么的难能可贵啊！我生贝蒂时，因为剖腹产，住在天津北站铁路医院好多天。由于我们的家住在天津的最南边，很远，是我的一个痊愈出院的病人，一个漂亮的年轻姑娘、土生土长的天津人，和她那新婚的丈夫，天天炖了热鸡汤，往我住的病房送。那种医患之间浓浓的友情，至今难以忘怀。

像天下的父母一样，自从贝蒂上了医学院后，我也患了一段“空巢综合征”。虽然很难见到女儿，但幸运的是，我可以经常通过Skype（聊天软件）与她视频聊天。有时我需要楼上楼下做家务，我就带着手提电脑移动，这样她就能整晚在视频上陪伴着我。感谢现代电信技术，我只要打开电脑，一按键盘，几分钟的时间内，就可以立刻看到女儿美丽的、充满青春活力的笑脸——就这么快，这么容易，然而我们实际上远隔千山万水！

这种美妙而又天才的交流方式，对于我们的父母之辈，是多么的不可思议啊！

医学院学习非常紧张，她根本没多少时间与我聊天，很多次接通“Skype”后，她只是在屏幕上对我招招手，微笑一下，就投入到她的学习里去了。但看着屏幕中的她聚精会神地学习，我心里总是充满欣慰和感动。这种时刻，总会让我想起当年我在家复习考大学时，受妈妈悉心照料的情景，只可惜不能给她做几个她爱吃的菜，通过视频送过去。

渐渐的，她懂得的医学科学知识越来越多。我们甚至会在视频上讨论一些医学相关的问题，也会为某个疾病的诊断问题发生争议。有时当我需要准备演讲的幻灯片，就把草稿寄给她，她居然能提供富有见解的评论和建议。有时她甚至当我演讲的第一个听众，认真地记笔记，然后给我一些充满智慧的提议。她总是直言不讳，坦率地告诉我她的看法。我为她对疾病的了解和熟悉，和在医学领域的成长而感到骄傲。

并不是我们每次Skype通话，都会以微笑和欢乐结束。像我们母女在一起的时候一样，我们也会“视频吵架”，说得文明一点，叫做“视频争执”。

一天晚上，她打电话给我，说了一声：“妈妈，我发现自己实在是低能——我正在上神经病学的课程，当我刚刚记住右脑的功能是什么时，却忘了左脑的功能。有时候还会把它们混淆。我真的对自己很失望！妈妈你说，我是不是很笨？”

我笑着对她说：“嗯，我想你应该学会重复记忆——也就是说，花很多时间，一遍又一遍地学习同一样内容，是最好的策略。只要你花费更多的时间去学习，总能够学会的。我当时在医学院时就是这么学的。”

“妈妈，你是这个世界上最不适合做咨询的人。我要去忙了——再见。”

还没有等到我说再见，她已经关上了Skype的视频画面。她那可爱的笑脸，几分钟前还让我那么兴奋，“腾”地一下从屏幕上消失了。

我心里一阵失望，又很气恼。如果我们现在同一个房间，我会大声呵斥她，直到她为她的无礼向我道歉为止。但我的女儿现在离我那么远，我的任何情绪都与她无关。她不会知道，也不想知道。她没有时间去跟任何人计较任何事。她的学习生活太紧张，太忙碌了。我知道我女儿在关闭了 Skype 之后，会立刻拿起她的神经学教科书开始学习的，那么，我为什么要庸人自扰呢?

冷静了片刻后，我记起了，贝蒂最不愿意我用自己的经验去教育她——她要走自己的路，一切要经过自己的探索和思考，决不愿意照搬母亲的经验。她最不愿意听到的，是我对她说：“你应该怎样怎样。”

我想起不久前，我带她去移民中心做体检。一个身材高大的黑人验收她的材料，两人有了几分钟的交流。然后，这个美国国家公务员对我微笑着说：“祝贺你，养育了这么一个优秀的女儿。欢迎她成为美国公民！”一句话说得我的心里比喝了蜂蜜都甜。

是的，那位绅士是对的。我养育了一个女孩，她在中国出生，在以色列长大，现在是一个值得骄傲的美国公民。在她身上，既可看到中国人优秀的传统和价值观，又具有犹太人对生活的激情和执着，又有美国人雷厉风行、勇往直前的精神。

然而，无论如何，那个曾经非常“听话”的女孩子，已经一去不复返了。也许，这也正应了“有得必有失”那句话吧!

想到这，我对自己笑了一下，轻轻地合上了我的笔记本电脑。我深知贝蒂虽然从电脑屏幕上消失了，但她会永远和我一起。

贝蒂在刻苦学习，就像当初我在医学院时一样。她正在实现她的愿望，在美国继续她母亲的人生足迹和理想。来美国后，我一直在徘徊事业何去何从。有一天，我决定放弃在美国从医，转而从事医学研究和管理。怀着深深的失望，我告诉贝蒂：“我决定不在美国行医了。”“别，妈妈，我会在美国继续你的理想和足迹。”她那坚决的眼神和认真的语气让我深受感动。几年后，她最终为了自己和她母亲的理想，也为了需要她的社会和人们，考上了医学院。我为此深感自豪。“知识是我们赖以生存的资本，是我们心灵丰富的源泉。”父亲的教诲仍然常常清晰地回响在我的耳畔。

在美国，医学院毕业的前一年，每个学生都要参加统考，然后开始申请住院医生的职位。住院医生是要分专业的，而贝蒂最大的愿望是找到一个“急诊医学”住院医生的位置。“女大十八变”，当初那个圆乎乎、胖墩墩的小女孩，现在已经是一个窈窕清秀、健康大方的美丽姑娘。在家里家外，当贝蒂骄傲地向别人诉说她的理想时，经常会听到这样的回答：“什么？你要当急诊室医生？当被你救活的人从死亡线上挣扎过来，看见你这么一个天仙似的美女，会以为自己真的进了天堂！”其实她常常听到人们这样说，这个在急诊室里见惯了外伤和枪伤，在鲜血淋漓的肢体面前眼不眨、心不慌的女孩，这时却涨红了脸。而我却畅怀开心地大笑起来。

那段时间里，贝蒂一面继续她实习医生的工作，一面在周末应邀飞到美国各个城市的医学院去面试。在美国，住院医生的面试是双方的共同意愿和选择，像谈恋爱一样，要双方中意才能“般配”，绝不是一厢情愿的事。贝蒂一共面试了二十多家医学院，但她最欣赏的是埃默里大学医学院的急诊医学部，因为那儿的设施、教学和科研能力都是世界一流的。当她得知她的第一志愿被录取的时候，也就是说，对方也把她作为第一想要的医生的时候，她激动得泪光淋淋。

“妈妈，埃默里大学录取我了，而且，急诊部主任和副主任都分别给我打电话，祝贺我！”像往常一样，她总是在第一时间把重要的消息与我分享。

“真的吗？”我激动得有点不敢相信自己的耳朵。我知道自从她那天从亚特兰大面试回来后，就一直期盼着这一天。

贝蒂被这个著名的医学院选中是她本人的努力，也要感谢所有辅导过她、和她一起工作过的医生们。他们是这样推荐和评价她的：“贝蒂不仅有扎实的医学知识，而且对病人极富同情心。她还可以用四种语言去帮助病人。贝蒂无疑是我多年行医生涯中见过的最优秀的学生！”

据统计，每年申请默里大学医学院的急诊医学住院医生的有2400多个医学院毕业生，而得到面试邀请的只有140人左右，最后录取18人左右。真真是百里挑不到一！

接到贝蒂电话的时候，我正站在我九楼的办公楼里，窗外，湛蓝的天空下是一片茂密葱郁的树林，只见一只白色的小鸟沐浴着金色的阳光，翱翔在无垠的天地间。它是那么的快乐、坚定和自信，那是一种经历过迁移中的风暴严寒、冰川雪野的自信，我知道它那高高扬起的双翅是不会轻易被折断的，不管前面还会有多少险阻艰难。

蓝天，白云，细沙，白浪，永远是人类滋生幻想和爱情的天堂。对生活充满火热激情和烂漫憧憬的贝蒂，在吸取医学知识的同时，也收获了美好的爱情。

在度过了第一年整日埋头在课堂和图书馆的生活后，在这坐落于加勒比海最浪漫的海岛上的医学院里，爱情的花蕾终于不期但却热烈地、灿烂地开放了！一个品学兼优、潇洒健壮的男生终于俘获了她那颗渴望爱情的心。在一次海边晚会上，他先是被她一头齐腰的飘逸长发和东方女性特有的清纯脸盘、独特风格吸引，而她也被他一身显而易见的雄健发达的肌肉而诱惑。很快地相互了解后，彼此共同的志向和抱负、价值观和情操观使他们真正走到了一起。这个来自西雅图的男孩比贝蒂大三岁，聪明智慧，记忆力惊人，每次考试总名列前茅，是一个品学兼优、很多女孩都向往的男生。他们彼此都以学业为重，所以一起学习、一起复习考试，累了又一起观日出、看日落，一起锻炼身体。

在医学院内一片翠绿的草坪上，有一棵树干巨大、树叶浓密的槐树，树荫下放着一条长凳，面对着深蓝色缓缓浮动的大海，树叶沙沙地在海风下摇曳，偶尔走过几个穿一身热带衣服的年轻学生。从此，黄昏时分，经常能看到这条长凳上有一对年轻男女相拥着看日落——那是贝蒂和她的男友锲思。

锲思想当骨科医生，贝蒂想从事急诊医学。贝蒂酷爱户外活动，打球、登山、潜水，无所不会；锲思更是个体育专家，他母亲是瑜伽教练，他从小也受到严格的训练，而且也成了业余的、有执照的瑜伽教练。在医学院时，他每周教两小时的瑜伽课。“日落瑜伽”是他们两人最爱的一个活动，一天紧张的学习后，当金色的夕阳照耀在加勒比海平静的海面上，他们就面对大海中点点白色的帆船，和远处重叠的群山，一起练习瑜伽。

去年锲思与贝蒂一道来家里过春节，刚进门，他就激动地对我说：“靖，我有个礼物献给你。”我心里好奇，他怎么也会在过中国春节时给我买礼物。只见他走向客厅的中间，看着我，一边扳着手指，一边艰难地用中文数数：“一，二，三……”“三”字过后他停住了，记不得了，我看见他满脸涨得通红，然后向贝蒂投去求救的目光。坐在沙发上的贝蒂给他做口型、手势提示，锲思才勉强地从一数到八。我上前给了他一个热烈的拥抱，告诉他这是我收到的最好的春节礼物！

我去上海时，为锲思精心挑选了两本简单的学中文的教材，希望有一天他能学习中文和中国文化。贝蒂和我都希望他能说出流利的中文的那一天早日到来。

今年 5 月，一个春暖花开的季节，贝蒂和锲思终于收获了爱情的果实——他们在美丽烂漫的西雅图喜结连理。仪式在一个名字叫“新城堡”的高尔夫球场举行，这个地方风景如画，可以俯览壮丽的莫斯尔岛和秀美的华盛顿湖。外婆也从遥远的中国赶来参加她宠爱的外孙女的婚礼。那天，当庄严的“婚礼进行曲”响起的时候，贝蒂挽着我的胳膊，沿着由两个花童刚刚洒满了玫瑰花瓣的过道，在亲友们一片热烈的掌声中，走向洁白的结婚殿堂。

那短短的两分钟，成了我一生中最难忘的时刻之一。

“今天，是谁把贝蒂带入婚姻的神殿？”主持婚礼的牧师问道。

“是我！”我骄傲而又自豪地答道，然后把贝蒂的手交给了正激动等候着的锲思。在西方社会，通常是由父亲将新娘领入结婚的殿堂，但在单亲母亲的家庭里，母亲自然也就取代父亲了。牧师按照西方的常规宣布了两个新人的婚姻成立，贝蒂和锲思交换了誓言和戒指。

三周之后，我又在我们马里兰家小区的俱乐部给他们举办了一个传统的中国婚礼，一对新人对到场的来宾和朋友表演了中国传统式的“敬茶典礼”和“鞠躬典礼”。感谢我们的朋友们，在百忙之中亲自前来为贝蒂庆贺，奥娜和她 11 岁的女儿专程从以色列飞来，锲思的母亲和姨妈来自西雅图，我多年的挚友倩也从纽约赶来。贝蒂的叔叔和阿姨没有能够飞来，但每人都送来了贺礼和热情的录像祝贺，遥遥地温暖着这对新人的心田。

美国人婚后是从不改口的，小夫妻对对方的父母仍然直呼其名，但锲思很高兴遵从中国的传统习惯。只见锲思双手捧着一杯清茶，跪在我坐的沙发前，用不太准确但很清晰的中文对我说：“妈妈，请喝茶！”我刚要把茶接过，只听他继续用英语对我说道：“妈妈，谢谢你养育了一个这么美丽的女儿，也谢谢你同意她跟我结婚。你放心，我会一辈子用心去爱她！”我顿时眼眶湿润，紧紧地拥抱了这个刚刚学会几句简单的中文对话的女婿，并按照中国家长的方式，给了他一个大大的红包。锲思身穿一套红黑相间的中式男套装，一个英俊的西方小伙子穿着高领的传统中式服装，有些不协调，也有点滑稽，但真正是可爱极了。

贝蒂和锲思分别在来客中穿梭着，热情招待尊贵的来宾，但总不时地向对方暗送秋波，一有机会就凑到一起，深情地相拥亲吻。看得出，他们双双沉浸在烂漫的爱情美酒中。

人生是个长长的旅途，而“爱”是这个旅途中最珍贵、最美好的礼物。我是多么的高兴啊！我那个在春天出生的小龙女，经过重重艰难的跋涉，也穿过厚厚的云层，从东方到西方，终于在一个遥远而陌生的国度、在她曾拒绝来到的国家，实现了她人生的理想，也找到了她憧憬的爱情。

透过模糊的眼帘，我看到贝蒂穿着我从国内买来的大红绸缎旗袍，镶边的领口衬托着她秀丽的瓜子脸，一头秀美的黑发坠落在腰际。旗袍的前面是用金线绣出的一条巨龙，勾勒出了她那苗条的身段，尽显一个典型的东方女子的窈窕和端庄。刚从斯里兰卡和马尔代夫度蜜月归来的贝蒂，皮肤黝黑滋润，多美啊！那是一种健康、自信的美，一种“蜡梅傲雪”似的美，而绝不同于温室里的牡丹花之美。

我想象着，贝蒂很快会有孩子，而这个孩子会在美国这片富饶的土地上、蔚蓝的天空下长大，也不会经历贝蒂迁徙的艰难。这个孩子会是什么模样——她的头发会是黑色还是棕色？眼睛和皮肤的颜色呢？

但不管怎样，我一定要教她学中文，因为那是全世界最美丽、也最动听的语言。

我知道每个孩子的能力、机遇和环境各有不同，但不论他们生活在哪里，不论选择什么样的职业，工人、农民、教师、律师、医生、记者，只要能像一朵小小的樱花一样，在群起群开时，为大千世界添彩，努力工作，友善待人，便是成功的、值得歌颂的人生了。

时光飞逝，当这本写贝蒂在迁徙中成长故事的书出版的时候，那个当年用手捂住狗咬的伤口的小女孩，已经在亚特兰大急诊室里救死扶伤，为需要她的病人服务，帮助最需要关爱的病人。

相信有一天，她能把在美国学到的医学知识和技术带回以色列，带回中国，为生育和养育她的人民服务。

因为医学是没有国界的。

（完）

2014 年底于华盛顿

感　谢

首先，我感谢贝蒂毫无保留地支持我把她在三个国家成长的故事写出来，这其中包括值得骄傲的和不愿回首的经历。“真实的就是美好的”，充满自信的贝蒂懂得这个人生的哲理。贝蒂不仅给了我一个全新的人生，激发了我对生活的向往和热情，也教会我在西方世界如何自信地走自己的路。

我感激父母博大的恩情。作为乡村小学教师，在那没有选择的年代里，他们爱心璀璨，勤恳做人，把中华民族优秀的品质传授给子女和学生们。我会永远怀念父亲那辆破旧的自行车，它会永久地载着我越过人生的高山险谷。感谢我的妹妹鲍萍和弟弟鲍炜、鲍烨，还有我姑姑、姑父和叔叔婶婶们，他们的亲情和无私的关爱在万里之遥常常温暖我的心田。还要特别感谢我的两个极具文学天赋的姨妈——汪蔼斌和汪蔼英，不厌其烦地帮我修改和校对文稿。

感谢我们在以色列的朋友们，他们的犹太智慧、教育理念和热情豪放的性格，是我们一生取之不尽的精神财富。他们是：Mick Alkan，Yeldena Alkan，Lesley Braaf，Johnathan Laronne，Limor Levy，Sara Lavy，Nurit Komet，Orna Zagoory，Liraz Ormer，Morty Omer，Orly Omer，Mazel Segal，Yosef Yarden，and Amnon Zong.

感谢我们在美国和遍及全世界，不同肤色、说不同语言的朋友们，他们的友情和帮助使我们多年的海外生活充满了亲情和乐趣。他们是：John Allotey, Yuyan Bao, Dana Boatman, Vanessa Elharrar, Christian Felder, Steve Grill, Joe Frascella, Hong He, Hong Li, Jia Hui, Na Li, Yuang Hong, Dauhua Huang, Judith Jones, Uri Reichman, Richard Ovens, HuaqiongShen, David Sommers, Mallory Starr, Joan Starr, Qian Sun, Ying Qi, Renee Browning, Tom Marchinco, Pamela Wexler, Xia Yanping Zhang, Xia Zhou, Peili Zhu, and XiangYan Zhu,etc.

我要感谢我的侄儿徐晗和挚友袁虹的女儿、教育学博士肖昀芸，他们不厌其烦地帮我中文打字，或修改我中文打字的错误，有时还要帮我把英文原稿翻成中文。更重要的，是传授我当今国内年轻人的兴趣喜好。

这本书的诞生离不开南京犹太文化研究院院长徐新教授的鼓励和帮助。早在我夜以继日攻克生物学博士学位的时候，就希望了解以色列的历史和文化。听说国内出了一部分中文版的《犹太百科全书》，于是多方拜托国内的亲友打听购买。当我在魏茨曼的试验室终于拥有这本砖厚的百科全书时，欢欣异常，也对将这本书从中国带到以色列的好友霞充满感激。从此，这本蓝色粉面的宝书就永远放在了我书桌最显要的位置，并伴随着我从以色列特拉维夫来到美国华盛顿。许多年后当我终于在老家南京与该书的作者徐新教授见面时，心中的激动和感激真是难以言传。博学而又谦虚、对犹太文化和人民充满激情的徐教授从此成了我亲密的朋友，也成了鼓励我完成此书的重要源泉。

我由衷地感谢上海文化出版社的编辑们，她们对此书倾注的心血和热爱让我深为感动。

也很感谢你——和我"心有灵犀一点通"的读者们，能耐心地读完这本书，因为此书是一个孩子在西方国家成长的真实故事和写照，以及如何培养一个具有爱心，具有健康和美丽的心灵，又自力更生、充满自信心的孩子，而不是告诉你如何培养一个世界级的亿万富翁。

我也以此书对为我们中国留学生提供了顶尖科学研究机会和美好生活的以色列国家和人民深表感谢，特别是我的博导，本古里安大学的 Shraga Segal 和威兹曼研究院的 Yosef Yarden 教授。

The Wild Cactus

——My Chinese Israeli American Daughter

By Dr. Jing Bao

This book tells the unique, eventful story of an Asian girl's upbringing in three vastly different countries: China, Israel, and America. It centers on the bittersweet mother-daughter relationship as the pair confronts vast cultural differences on their journey from East to West. From skipping school to saving lives, the book chronicles the girl's transformation from an obedient traditional Chinese child, to a rebellious Israeli teenager andfinally to a confident, multi-lingual young physician in the U.S. The author, a single mother,describes the challenges she faced, the lessons she learned and ultimately her transformation as she struggled to raise her precocious daughter in such culturally diverse environments.

Though a personal story, this extraordinary account will be of particular interest to all mothers and daughters as well asto anyone who wants to better understand how families survive, adapt and thrive in today's multi-cultural world.

Praises for the Book

——This is a fantastic and touching story recording a Chinese girl's unusual life journey. The book presents the readers not only the differences between the East and West cultures, but also the humanity, education, and civilization of Jewish culture that forge human nurture. This is a book everybody interested in child development and culture difference should read . (**Xu Xin**, President of Chinese Jewish Culture Institution, Professor of Nanjing University Jewish / Israeli Studies.)

——The book is a story of courage and achievement. It is a must read for a great variety of people: parents, professionals in mental health fields, educators, social scientists, individuals who work in different cultures and individuals who are in schools who want to learn what can they can do despite the difficulties they have had associated with their own years of development. (**Mallory Starr**, President, U.S. Asian Cultural Academy and Director, Sequoia Presidential Yacht Group.)

——A child raised in a multi-cultural environment will mature earlier and be more tenacious and strong in life. This is exactly what Betty's unique life journey has taught us. I am very proud of Betty and happy for Jing. (Prof. **Yosef Yarden**, Weizmann Institute of Science, Israel.)

——Rich in detail, this book is so much more than description. Dr. Bao has succeeded where so many writers fail – to allow the reader not merely to enter into but to become involved and feel the complexity and beauty of the life of an evolving child to adolescence, then to womanhood, via the unique travels from China to Israel and the USA. The book will speak not only to Chinese, Israelis and Americans, but also to anyone aware of human growth in our fast-evolving cultures – the traditional and the contemporary, the closed and rigid versus the wildly open opportunities of modern life. Interesting only to mothers and daughters? No! This is a story that will attract fathers and sons who are open to human relations, and are willing to admit that theirs can be as delicate and complex as those between Dr. Bao and Betty. A must! (Prof. **Jonathan Laronne**, Ben Gurion University of the Negev, Israel.)

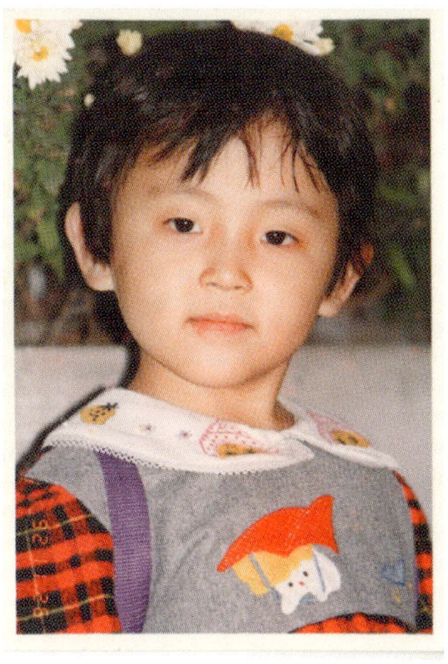

童年的贝蒂

春天来了（作者和女儿）

斯宾扎克小学毕业典礼

班主任老师努瑞特

钢琴老师倪摩

贝蒂当年的好友、现在的女警察丽然子

与犹太小朋友一起欢度 12 岁生日

与瑞丝一起过普睿节

“筷子”歌星

באו מסין

以色列当地报纸上的专访

导师约西一家在海边

魏茨曼科学研究院餐厅前

作者家窗前的鸽子

马里兰大学生物学毕业典礼

华盛顿的樱花节

贝蒂在罗马

晚餐过后

白大褂典礼

在格林威治海岛度假胜地

与外婆在美国共度春节

在纽约的公寓教男友锲思包饺子

落日瑜伽（与锲思）

结婚典礼